EVA-MARIA BAST | HEIKE THISSEN

Düsseldorfer Geheimnisse

SPANNENDES AUS DER RHEINMETROPOLE
MIT KENNERN DER STADTGESCHICHTE

NRZ

Bast, Eva-Maria; Thissen, Heike
Düsseldorfer Geheimnisse – Spannendes aus der Rheinmetropole – mit Kennern der Stadtgeschichte

NEUE RHEIN / NEUE RUHR ZEITUNG in Kooperation mit:
Bast Medien GmbH, St.-Ulrich-Str. 11, 88662 Überlingen
(verantwortlich)
1. Auflage 2019
ISBN: 978-3-946581-61-1

Lektorat: Lena Bast
Covergestaltung: Jarina Binnig, Cornelia Müller, Melanie Kunze
Layout: Homebase – Kommunikation & Design, Jarina Binnig
Grafik: Maps4News & HERE (Karte), Nina Helmke
Satz: Melanie Kunze
Druck: Mohn Media Mohndruck GmbH, Gütersloh

Ein Titel der preisgekrönten Reihe *Geheimnisse der Heimat*

Inhalt

Vorwort

Düsseldorf ist schön. Ohne Zweifel. Vielleicht etwas verwöhnt im Vergleich zu anderen Städten in der Region. Düsseldorf ist etwas schräg, aber auch gerade heraus. Unsere Stadt fasziniert und provoziert und ist voller Widersprüche: boomende Stadt und gleichzeitig Dorf, Schickimicki und rheinisches Brauchtum, leckeres Altbier und feiner Champagner, ein gesundes Maß an Arroganz und Bodenständigkeit. Aber vor allem ist Düsseldorf tolerant, vital, charmant und weltoffen.

Diese muntere Mischung lieben nicht nur wir Düsseldorfer. Vor allem bei den Düsseldorf-Touristen kommt das gut an. Die drei Millionen Hotel-Gäste, die Jahr für Jahr in unsere Stadt kommen, und ebenso die zahlreichen Tagestouristen schätzen Düsseldorf mit seinen Schönheiten und seiner Lebensart. Manche verlieben sich sogar in unsere Stadt. Wer könnte das besser verstehen als wir Düsseldorfer ...

Doch Düsseldorf hat mehr zu bieten als das typisch Touristische. Mehr als Altstadt, Kö, Kultur und Karneval. Es sind die vielen kleinen Geheimnisse, die unsere Stadt hütet. Geheimnisse, die selbst vielen eingefleischten Düsseldorfern wie mir nicht bekannt sind. Geheimnisse, die so verborgen und verschüttet sind, dass sie erst einmal mühsam wieder ans Tageslicht gebracht werden müssen.

Genau das haben die Autorinnen Heike Thissen und Eva-Maria Bast getan und wochenlang in der Stadt recherchiert, unterstützt von vie-

len Einheimischen und Düsseldorfkennern. Ihre Geschichten sind in diesem Buch zusammengefasst.
Da geht es beispielsweise um eine Mauer im Wald von Gerresheim, die den Zugang zu einem ganz besonderen Stollen schützte – zu dem nämlich, in dem das Jan-Wellem-Reiterstandbild im Zweiten Weltkrieg mehrere Monate lang vor Bombenangriffen bewahrt wurde. Es geht aber auch um unbeachtete Steine, die noch heute den ehemaligen Standort der berühmten Bilker Sternwarte markieren, oder um ein Fenster, hinter dem der „Vampir von Düsseldorf" – Serienmörder Peter Kürten – seine Prozesspausen verbrachte. Denn ausgerechnet dieser Teil der Exerzierhalle der Niederrheinischen Füsiliere ist bis jetzt stehen geblieben. Der Kindersarg in der Andreaskirche, in dem entgegen anders lautenden Überlieferungen keine polnische Prinzessin, sondern ein Bruder Jan Wellems liegt, kommt genauso zur Sprache wie der gedrehte Kirchturm von St. Lambertus, der Forschern seit vielen Jahrzehnten Rätsel aufgibt.
Ich freue mich, dass die NRZ als Lokalzeitung für unsere Stadt Partner für die Düsseldorf-Ausgabe dieser erfolgreichen und preisgekrönten Buch-Reihe ist, die in vielen deutschen Städten bereits für Aufsehen gesorgt hat.
Einige der 50 Geheimnisse wurden bereits vorab im Düsseldorfer Lokalteil der NRZ veröffentlicht. Nun finden Sie diese und viele andere spannende Geschichten gebündelt in diesem Geheimnis-Buch wieder.

Ich wünsche Ihnen viel Vergnügen beim Lesen – und Entdecken von Düsseldorfs geheimen Schätzen.

Götz Middeldorf
Redaktionsleiter NRZ in Düsseldorf

Die Autorinnen

Eva-Maria Bast, Jahrgang 1978, arbeitet seit 1996 als Journalistin. 2011 gründete sie das Redaktionsbüro „Büro Bast & Thissen", das 2013 in „Bast Medien" überging. Sie initiierte und schreibt die Buchreihe *Geheimnisse der Heimat*, die 2011 startete, rasch zu einem Bestseller wurde und die 2019 in knapp 70 Bänden vorliegt. Sie wurde für ihre Arbeit mehrfach ausgezeichnet, unter anderem erhielt sie mit dem *Südkurier* für die *Geheimnisse* den Deutschen Lokaljournalistenpreis der Konrad-Adenauer-Stiftung. Neben zwei Krimis liegt von ihr auch die vierbändige *Mondjahre*-Jahrhundertsaga vor. Unter dem Pseudonym Charlotte Jacobi schreibt sie gemeinsam mit Jørn Precht historische Romane für den Piper Verlag. Eva-Maria Bast ist Dozentin an der Hochschule der Medien in Stuttgart. Sie hat vier Kinder und lebt am Bodensee und in Würzburg.

Heike Thissen, Jahrgang 1980, ist seit 1999 im Journalismus zu Hause. Sie hat an der Universität Leipzig und der Universidad de Valencia Diplom-Journalistik und Amerikanistik studiert und bei der Tageszeitung *Südkurier* in Konstanz volontiert. Nach mehreren Jahren als Redakteurin beim *Südkurier* arbeitet sie seit 2010 als freie Journalistin für Zeitungen und Zeitschriften und als PR-Redakteurin für verschiedene Unternehmen. Seit 2011 geht sie von Konstanz aus regelmäßig zusammen mit Eva-Maria Bast auf Geheimnissuche in ganz Deutschland.

Hydrantendeckel

Was vom Majolikahäuschen übrig blieb

Kinder baumeln kopfüber von den Klettergerüsten des Spielplatzes, Pärchen sitzen Händchen haltend auf Bänken und auf der Hundewiese nebenan rennen die Vierbeiner: Unweit der Tonhalle herrscht an Sommertagen Hochbetrieb. Auch Melanie Florin kommt dann gern hier vorbei. Und sie weiß: Einst ging es an dieser Stelle im Hofgarten viele Jahre lang noch wesentlich idyllischer zu als im 21. Jahrhundert. Doch das letzte Relikt, das aus dieser Zeit geblieben ist, wird heutzutage von den Parkbesuchern mit Füßen getreten und vollkommen ignoriert.

„Bei diesem Hydrantendeckel handelt es sich um den einzigen Hinweis darauf, dass hier einmal etwas anderes als ein Spielplatz war, nämlich das so genannte Majolikahäuschen", sagt die Kunsthistorikerin. Im Rahmen ihrer Magisterarbeit an der Düsseldorfer Heinrich-Heine-Universität hat sie sich ausführlich mit dem Gebäude beschäftigt, das ursprünglich vom Unternehmen Villeroy & Boch als Ausstellungspavillon errichtet worden war. Und seither gilt sie als unangefochtene Expertin, wenn es um die Geschichte des Majolikahäuschens geht, das einst als „Blüte des Jugendstils im Düsseldorfer Hofgarten" bekannt war.

„Mit der Geschichte des Häuschens muss man im Jahr 1902 anfangen. Denn damals fand die Düsseldorfer Industrie-, Kunst- und Gewerbeausstellung im heutigen Rheinpark und in Teilen des Hofgartens statt", beginnt Melanie Florin zu erzählen. Anders als bei modernen Ausstellungen oder Messen sei es damals üblich gewesen, dass die Aussteller eigene temporäre Bauten errichten, um ihre Exponate der Öffentlichkeit adäquat zu präsentieren. „Das handhabte auch das Unternehmen Villeroy & Boch so. Der damalige Weltmarktführer in Sachen Keramik errichtete als Ausstellungspavillon ein Gesamtkunstwerk, bei dem verschiedenste keramische Techniken zum Einsatz kamen. Innen und außen war das Häuschen komplett mit farben-

Hätte Melanie Florin vor 100 Jahren hier gesessen, hätte sie sich im Majolikahäuschen Kaffee und Kuchen bestellen können. Der Hydrantendeckel im Boden erinnert daran.

prächtigen Fliesen, Mosaiken und Reliefs bedeckt", erklärt die Expertin. Und so bekam das Bauwerk auch seinen Namen: Der Begriff „Majolika" bezeichnet farbig glasierte Keramik. Villeroy & Boch präsentierte in und an dem Gebäude seine komplette Produktpalette, von der Abort-Keramik bis hin zu Küchenfliesen, aber auch Geschirre und Ziergegenstände.

„Alle Gebäude wurden nach Ende der Ausstellung im Oktober 1902 wieder abgerissen. Nur eines nicht, und das war das Majolikahäuschen. Das schenkte das Unternehmen Villeroy & Boch der Stadt Düsseldorf", erklärt Melanie Florin. Dazu schrieb die *Deutsche Töpfer- und Zieglerzeitung* am 27. September 1902: „Der Pavillon von Villeroy & Boch wird erhalten bleiben und späteren Geschlechtern in unverminderter Schönheit verkünden, was deutsches Können zu Beginn des 20. Jahrhunderts vermocht hat." Schon während der Bauarbeiten waren dafür Vorkehrungen getroffen worden: Anstelle von leichten Materialien wie Holz, Stoff oder Gips waren für das Häuschen massive Ziegel verwendet worden, ein Kamin wurde eingebaut und Wasser- und Stromleitungen unterirdisch verlegt. Damit waren die notwendigen Voraussetzungen erfüllt, um das Häuschen nach der Ausstellung weiter nutzen zu können. Doch davon ist heute weit und breit nichts mehr zu sehen, außer einem Hydrantendeckel, der neben einem Spielplatz etwas fehl am Platz wirkt.

Ein schnöder Hydrantendeckel markiert die Stelle, an der mit dem Majolikahäuschen einst eine Blüte des Jugendstils stand.

Was ist geschehen? „Das liegt daran, dass die Geschichte des Häuschens noch weitergeht", schmunzelt die Kunsthistorikerin. Nach 1902 diente das Kleinod nicht mehr dazu, wertvolle Keramikarbeiten zu präsentieren. Vielmehr erfrischten sich hier fortan die Spaziergänger aus dem Hofgarten. Dank sanitärer Einrichtungen, die nachträglich eingebaut wurden, konnte es bis 1918 als Milchhäuschen fungieren, in dem es sich die Düsseldorfer bei alkoholfreien Getränken gut gehen ließen. Später zog ein Café ein. „Diese Idylle aus Natur und Architektur war ein sehr beliebter Treffpunkt für die Einheimischen“, hat Melanie Florin bei ihren Recherchen herausgefunden. „Das war alles malerisch schön. Es gibt viele reizende Geschichten von Liebespaaren, die sich hier ge-troffen haben“, weiß die Kunsthistorikerin. Bis in die 1920er-Jahre hinein erfreuten sich die Düsseldorfer an dem kleinen Prachtbau der Jugendstilzeit, so lange, bis er einigen von ihnen nicht mehr zeitgemäß erschien.

„Diese Idylle aus Natur und Architektur war ein sehr beliebter Treffpunkt für die Einheimischen. Das war alles malerisch schön. Es gibt viele reizende Geschichten von Liebespaaren, die sich hier getroffen haben.“

Mit dem Architekten Wilhelm Kreis (1873-1955), in Fachkreisen auch „Architekt der neuen Sachlichkeit“ genannt, kam der Anfang vom Ende. „Als er das Gelände für eine weitere Ausstellung überplanen sollte, waren ihm der Zierrat und die Jugendstilelemente des Majolikahäuschens ein Dorn im Auge. Es passte einfach überhaupt nicht zu seiner Auffassung von erstrebenswerter Architektur“, erzählt Melanie Florin. Wieder ging es um eine Messe, in der sich Düsseldorf hervorragend präsentieren wollte, die *Große Ausstellung für Gesundheitspflege, soziale Fürsorge und Leibesübungen*, kurz *GeSoLei*. Sie fand vom 8. Mai bis 15. Oktober 1926 statt und sollte die Besucher aus Düsseldorf, Deutschland und der Welt zu neuen, leistungsfähigen Menschen erziehen. Kreis war als leitender Architekt mit dem städtebaulichen Gesamtentwurf betraut worden. Und da sich das Majolikahäuschen auf dem geplanten Gelände befand, wünschte er es sich fort – und zwar so schnell wie möglich. Doch Hermann Starkloff, der damalige Pächter des Cafés, kam der Aufforderung, seinen Betrieb innerhalb von drei Tagen komplett zu räumen, nicht nach. Und auch die Düsseldorfer wollten von einem Abriss nichts wissen.

Kreis wusste weder ein noch aus, bis er eines Abends mit dem jungen Konstrukteur Richard Sonnemann bei mehreren Flaschen

Wein zusammensaß. Melanie Florin zitiert in ihrer Magisterarbeit die Erinnerungen Sonnemanns, wie er sie 1964, fast 40 Jahre später, einer Zeitung erzählte: „Schließlich in vorgerückter Stunde erklärte Kreis: ‚Mensch, Sie sind doch Pionieroffizier gewesen. Für Sie muß (sic) es doch eine Kleinigkeit sein, das olle Ding unauffällig wegzublasen!'", beschrieb der Konstrukteur den Abend und fuhr fort: „Da ritten mich der Teufel und die Weingeister. Ich sagte: ‚Herr Professor, machen Sie morgen einen Spaziergang durch den Hofgarten, und Sie werden von dem Majolikahäuschen kein Stäubchen mehr finden.'" Nach eigenen Angaben ging Sonnemann anschließend in die Altstadt, organisierte ein Dutzend Zimmerleute von seiner Baustelle, spendierte ihnen Freibier bis ein Uhr nachts und traf sich dann mit ihnen, um binnen weniger Stunden das Majolikahäuschen abzureißen. „Das ist die einzige bekannte Beschreibung des Hergangs, aber sie ist nicht ganz frei von Übertreibungen und Irrtümern", ordnet Melanie Florin das Erzählte ein. Beispielsweise, dass die Zerstörung spontan an einem Samstagabend beschlossen und in derselben Nacht umgesetzt wurde, kann so nicht stimmen. „Das Majolikahäuschen wurde nicht an einem Wochenende, sondern am Dienstag, den 9. Februar 1926, zunächst zwangsgeräumt, bevor es einen Tag später abgerissen wurde", stellt die Kunsthistorikerin richtig.

„Als Cafébetreiber Hermann Starkloff in den Hofgarten kam und seinen Betrieb aufsperren wollte, war das Häuschen weg."

Sie weiß, was am nächsten Morgen passierte: „Als Cafébetreiber Hermann Starkloff in den Hofgarten kam und seinen Betrieb aufsperren wollte, war das Häuschen weg. Auf der Wiese standen das Mobiliar, das Geschirr und das Besteck, aber von dem Gebäude war nichts mehr zu sehen." Melanie Florin hat ihre Informationen sozusagen aus zweiter Hand: Für ihre Magisterarbeit hat sie sich vom Sohn des Cafébetreibers beschreiben lassen, wie der Vater vom Abriss seiner Existenzgrundlage erfahren hatte.

Der empörte Aufschrei, der durch Düsseldorfs Bevölkerung ging, war groß. Aber er fand in den Medien kaum Niederschlag. Und es nutzte natürlich nichts: Das Majolikahäuschen ließ sich nicht wiederaufrichten. „Zur Messe stand hier dann ein kleiner Kastenbau, der wieder abgerissen wurde, und dann wuchs im wahrsten Sinne des Wortes Gras über die Sache. In den 1970er-Jahren entstand der Spielplatz. Und erst, als dieser 2014 überarbeitet wurde, kam die ganze Geschichte wegen der Grabungen wieder ans Tageslicht", sagt Melanie Florin. Denn dabei stießen die Bauarbeiter auf Reste des Häuschens. Viele kleine Keramikscherben kamen zutage und auch die Grundmauern wurden gefunden. Melanie Florin wurde als Sachkundige auf die Baustelle gerufen. „Das war ein sehr bewegender Moment, als ich plötzlich die Kacheln in der Hand hatte, die das Gebäude einst geziert haben. Davor stand ich einem Wiederaufbau des Majolikahäuschens immer skeptisch gegenüber. Aber in diesem Moment wünschte ich mir doch, dass die ganze Pracht wiederaufersteht", blickt sie zurück. Die Mauern des Häuschens stehen noch immer unter den Klettergerüsten, von denen an warmen Tagen kopfüber die Kinder baumeln. Doch an ein idyllisches Café mit fließend Wasser erinnert nur noch der Hydrantendeckel.

Heute spielen Kinder über den Grundmauern des Häuschens.

Heike Thissen

So geht's zum Hydrantendeckel:

Der Hydrantendeckel befindet sich linker Hand im Zugang zum Spielplatz an der Oederallee.

Gesteinsbrocken

Wichtige Erinnerung unter Efeuranken

Um diesem Geheimnis auf die Spur zu kommen, musste sich der Gerresheimer Lehrer und Autor Peter Stegt im wahrsten Sinne des Wortes in die Büsche schlagen. Denn dort liegen sie neben einem Spielplatz zwischen Gerricus- und Gräulinger Straße, verborgen unter dem Efeu: Gesteinsbrocken, die zwar unscheinbar aussehen, für den Historiker aber ein wichtiges Stück der Industriegeschichte Düsseldorfs und der von Gerresheim erzählen. Dass Peter Stegt, der sich als Historiker im Verein „Förderkreis Industriepfad Gerresheim Düsseldorf“ engagiert, sich eines Tages auf die Suche nach den Gesteinsbrocken machte und sie tatsächlich fand, liegt in seinem großen Interesse für die Geschichte seines Stadtteils begründet. „Als Thomas Boller und ich Fotos für zwei Bildbände über Gerresheim zusammensuchten, fiel mir ein Bild in die Hände, von dem wir überhaupt nicht wussten, wo wir es in der Stadt verorten sollten. Es zeigte Menschen vor einer Felsgrotte und einer Aussichtsplattform vor einem Teich“, erinnert sich der Gerresheimer. Auf der Rückseite sei lediglich der Hinweis vermerkt gewesen, dass es sich um den Park der Villa Dreher handelte. „Von dem hatten wir bis dahin noch nie etwas gehört“, sagt Stegt. Der Standort der Unternehmervilla hingegen hatte sich schon vorher anhand von Fotos eindeutig festlegen lassen. Sie befand sich an der Stelle, wo heute das Seniorenstift steht. Aber der Park? Stegt fand die Informationen, die er brauchte, bei Zeitzeugen aus dem Stadtteil.

„Die erinnerten sich daran, dass die Villa bis 1958 noch an Ort und Stelle stand und dann abgerissen werden musste, weil sie so baufällig war. Und sie wussten noch von dem kleinen Park mit seinem Aussichtspunkt und den Teichen, von denen einer auf dem mysteriösen Foto zu sehen war“, erzählt er den Recherchekrimi weiter. Von den Seen ließ sich schließlich auf die Lage der Insel schließen, auf der die auf dem Foto bezeugte Grotte stand. Und so kam es, dass sich der

Peter Stegt sitzt auf Gesteinsbrocken, die von Efeu überwuchert sind. Einst gehörten sie zu einer Grotte, die im Park der Villa Dreher stand.

Historiker an der richtigen Stelle in die Büsche schlagen und die Überreste der Grotte entdecken konnte. Sie sind nur ein kleines Relikt. Sie stehen aber für die Geschichte eines erfolgreichen Industriellen.

„Der mittelalterliche Stadtkern von Gerresheim entwickelte sich ab Mitte des 19. Jahrhunderts zu einem Zentrum der Drahtstifteherstellung", erklärt er. Bereits 1844 existierte eine Drahtstiftefabrik in der Dammer Mühle an der Bahnstrecke von Düsseldorf nach Erkrath. Der aus Andernach im Elsaß stammende Ignaz Dreher übernahm das Unternehmen 1845 und läutete in der kleinen Stadt die Industrialisierung ein. „Weil die Produktion stetig stieg und die Dammer Mühle schon bald nicht mehr ausreichte, verlegte er seinen Wohnsitz und das Werk 1851 nach Gerresheim, genau an die Stelle, wo heute das Seniorenstift steht. In den Folgejahren dehnte sich das Fabrikgelände wegen der gut laufenden Geschäfte dann immer weiter aus", erzählt Peter Stegt die Erfolgsgeschichte weiter. Dass diese Expansion von den Gerresheimern nicht ohne Widerstand hingenommen wurde, lässt sich rückblickend daran ablesen, dass in den Kaufvertrag eine Klausel aufgenommen wurde, die Dreher 4.000 Taler Strafe auferlegte, sollte sein Unternehmen durch Ruhestörung die umliegenden Nachbarn und vor allem das Gemeindeleben der katholischen Kirche beeinträchtigen. „Ob dieser Fall in der Realität jemals eingetreten ist, können wir aus den Quellen nicht mehr erfahren", bedauert Stegt.

„Der mittelalterliche Stadtkern von Gerresheim entwickelte sich ab Mitte des 19. Jahrhunderts zu einem Zentrum der Drahtstifteherstellung."

Trotz dieser strengen Auflagen ging es für das Unternehmen stetig bergauf. „Dreher beschäftigte bis zu 30 Mitarbeiter, die im Jahr 6.000 Tonnen an Drahtstiften, Nägeln und vielem mehr herstellten. Eisen- und Stahldrähte wurden zunächst auf Drahtziehmaschinen in verschiedenen Stärken gezogen. Dieser Draht konnte dann bereits verkauft oder zu anderen Produkten, wie zum Beispiel zu Drahtgeflechten, Polsterbestandteilen, Krampen, Schuhbeschlägen, Schrauben, Nieten, Nadeln oder Ketten weiterverarbeitet werden", zählt der Gerresheimer die breite Produktpalette auf. Auf Ausstellungen in europäischen Städten wie Amsterdam, Antwerpen, Paris, Riga oder

Wien waren Dreher und seine Erzeugnisse ebenso vertreten wie im australischen Sydney oder Melbourne. Parallel dazu entwickelte er eigene Maschinen und meldete sie zum Patent an.

Das Ende von „Dreher & Sohn" kam 1928, als die Fabrik die Produktion einstellte, weil sie in der Deutschen Drahtwerke AG aufgegangen war. „Eine Gummireifenfabrik übernahm die Gebäude, die dann im Zweiten Weltkrieg ausbrannten und später abgerissen wurden. Die Villa stand noch bis 1958. Nur der Park ist in Teilen erhalten – und mit ihm die Gesteinsbrocken der Grotte", erklärt Peter Stegt. Sie sind eine Erinnerung daran, welch große Rolle die Region und ihre Industrie einst in der Eisen- und Stahlverarbeitung spielten. Allein hier, im Zentrum der deutschen Drahtindustrie, wurden zehn Prozent der deutschen Gesamterzeugung von Drahtwaren hergestellt – und „Dreher & Sohn" trug mehr als 70 Jahre lang einen entscheidenden Teil dazu bei.

„Eine Gummireifenfabrik übernahm die Gebäude, die dann im Zweiten Weltkrieg ausbrannten und später abgerissen wurden. Die Villa stand noch bis 1958."

Heike Thissen

So geht's zu den Gesteinsbrocken:

Die Überreste der Felsgrotte, die einst im Park der Villa Dreher stand, befinden sich zwischen dem Gerricusstift (Gerricusstr. 11) und dem Pillebach-Spielplatz am Toni-Kryn-Weg.

Erinnerungstafel

Das blonde Mägdelein und das Schloss

Es sah aus wie eine Mischung aus Märchenschloss und Hexenhaus: Das Haupthaus nicht viel breiter als der Turm, streckte sich das Düsselschlösschen dem Himmel entgegen. „Heute erinnert nur noch eine Tafel an das bezaubernde Bauwerk", sagt die stellvertretende Institutsleiterin des Stadtarchivs Düsseldorf, Dr. Julia Lederle, die unzählige Geheimnisse in Düsseldorf kennt. Die Erinnerungstafel hat es ihr aber besonders angetan: „Ich finde das Schlösschen wunderhübsch, und es ist schön und wichtig, daran zu erinnern. Allerdings ist die Tafel so unauffällig, dass die meisten Menschen achtlos daran vorübereilen."

Neben dem bereits erwähnten schmalen, rechteckigen Hauptgebäude und dem Turm mit Laterne und Zwiebeldach hatte das Schlösschen noch einen dritten Gebäudeteil, einen mit Zinnen bewehrten, halbrunden Anbau, der überdacht war und als Terrasse genutzt wurde. „Zu beiden Seiten war das Schlösschen durch Mauerschwünge in das durchgehende Band der Hafenmauer integriert", erzählt Julia Lederle weiter. Erbaut hatte das Meisterwerk der Düsseldorfer Stadtbaurat Johannes Radke (1853-1938) im Jahr 1902. „Er hat das gesamte Rheinufer von der heutigen Kniebrücke bis zum Theresienhospital mit Bauwerken dekoriert, die an die mittelalterliche Burgenarchitektur erinnerten – darunter Bastionen, Trinkhallen und Aussichtsplattformen." Eine ausgesprochen malerische und abwechslungsreiche Angelegenheit muss das gewesen sein, denn „aus jeder Straße, die aus der Altstadt zum Rheinufer führte, blickte man auf ein anderes Wahrzeichen", beschreibt die Historikerin das Ensemble. Von der Rheinseite her sei die Ansicht besonders „malerisch" und „hervorragend" gewesen.

Aber das Schlösschen erfreute nicht nur das Auge derer, die es betrachteten, sondern auch den Gaumen jener, die sich darin aufhielten: „Es war ein äußerst beliebtes Weinlokal, das sogar in dem Karne-

Dr. Julia Lederle ist froh, dass wenigstens diese unscheinbare Tafel noch an das Düsselschlösschen erinnert.

valslied *Am alten Schlossturm* Erwähnung findet", sagt Julia Lederle. Da heißt es nämlich im Refrain: *Im alten Schloßturm zu Düsseldorf am Rhein, / Da wohnt ein kleines, blondes Mägdelein. / Ein stilles Weinhaus, gerade vis-ä-vis, / Die schönen Stunden dort vergeß' ich nie.*

Der bekannte Düsseldorfer Weingroßhändler Eduard Hauth (1845-1901) war viele Jahre lang Pächter und verstand es, das „altdeutsche Weinhaus" zum Inbegriff der Düsseldorfer Gemütlichkeit zu machen. Das Haus warb mit „Mokka- und Abendkonzerten" und damit, ein „Restaurant ersten Ranges" zu sein.

Von seinem Standort, dem Burgplatz gegenüber dem Schlossturm, habe das Gebäude auch seinen Namen bekommen, sagt Julia Lederle: „Er leitet sich von der nahegelegenen nördlichen Düsselmündung sowie vom Schloss auf dem Burgplatz ab, das dort bis zu seinem Abriss nach dem Brand von 1872 gestanden hatte. Das Düsselschlösschen wurde später an genau der Stelle errichtet."

Allzu lange konnten sich die Düsseldorfer aber nicht an diesem schönen Bild erfreuen: „Das Düsselschlösschen zierte keine 40 Jahre lang das Rheinufer", bedauert Julia Lederle. Ein Luftangriff im August 1941 läutete das letzte Stündlein des Bauwerks ein. „Es wurde dabei so schwer beschädigt, dass es zum Leidwesen vieler Düsseldorfer nach dem Krieg abgerissen wurde, um der Rheinuferstraße Platz zu machen." Vorbei war's mit all der Herrlichkeit, mit gemütlichen Stunden im Restaurant und auch mit dem kleinen blonden Mägdelein, das nun nicht mehr „vis-ä-vis" des Schlösschens lebte.

Eva-Maria Bast

So geht's zur Erinnerungstafel:

Sie befindet sich direkt am Ufer des Rheins auf Höhe des Schlossturms in der Hochwassermauer an der unteren Rheinwerft.

Hanno Parmentier kennt sich hervorragend mit Leben und Tod des Serienmörders Peter Kürten aus. Mit beidem hat das Fenster vor ihm zu tun.

04

Fenster

Wartezimmer für den Vampir

Wer *ohne* Hanno Parmentier vor dem Gebäude in der Johannstraße 39 steht und sich den historischen Backsteinbau ansieht, der bleibt vollkommen unberührt. Doch wer *mit* dem Historiker und Journalisten vor Ort ist, dem stellen sich die Nackenhaare auf angesichts der Geschichte, die er anhand eines Fensters im Erdgeschoss erzählt. Es geht um eine der grausamsten Mordserien des 20. Jahrhunderts, eine Stadt in Angst und Schrecken und einen Täter, der als „Vampir von Düsseldorf" in die Geschichte einging.

„Ursprünglich war der Bau aus Backsteinen, der heute mit einem modernen Gebäude kombiniert ist, die Exerzierhalle der niederrheinischen Füsiliere. Später diente er dann als Turnhalle der Düsseldorfer Schutzpolizei. Und 1931 fand hier über mehrere Wochen der Prozess gegen den Serienmörder Peter Kürten statt", beginnt Hanno Parmentier zu erzählen. Und dieser Mann, der wegen neunfachen Mordes und diverser anderer Delikte zum Tode verurteilt wurde, saß in den Prozesspausen hinter dem Fenster und wartete darauf, dass seine Verhandlung weiterging. „Das Bemerkenswerte ist, dass ein Großteil des Gebäudes später abgerissen und durch einen Neubau ersetzt wurde. Aber ausgerechnet dieses kleine Stück des Kopfbaus mit dem Zimmerchen, in dem Kürten saß, ist erhalten geblieben", erklärt der Heimatforscher. Er hat sich so intensiv mit Kürten (1863-1931), dessen Leben und Morden beschäftigt, dass er mittlerweile als Experte für ihn gilt.

„Ausgerechnet dieses kleine Stück vom Kopfbau mit dem Zimmerchen, in dem Kürten saß, ist erhalten geblieben."

„Seine Lust am Töten entdeckte Kürten schon als Kind", geht Hanno Parmentier in der Lebensgeschichte des Mörders zurück. Als dieser fünf Jahre alt war, half er einem Hundefänger beim Ertränken von zwei Welpen – und war fasziniert. Zwar gab er danach an, bereits vier Jahre später für den Tod von Kindern und Jugendlichen am Mülheimer Rheinufer verantwortlich gewesen zu sein. Bewiesen ist das allerdings nicht. Er war 30, als er der schlafenden Christine Klein, neun Jahre alt, bei einem Einbruch die Kehle durchschnitt. In den folgenden Jahren misshandelte, vergewaltigte und verletzte er vor allem junge Frauen, kam aber mit vergleichsweise kurzen Haftstrafen davon – wenn er denn überhaupt angezeigt wurde.

Auch, wenn Kürten der Polizei bekannt war, tappten die Behörden bei seiner Mordserie monatelang im Dunkeln, was Düsseldorf, Deutschland und die Welt in den Jahren 1929 und 1930 in Atem hielt. „Allein zwischen Februar und November 1929 beging er acht Morde und bis zu seiner Verhaftung 1930 mehr als 20 Überfälle, die oft auch mit Mordversuchen einhergingen", fasst der Historiker zusammen. Die Opfer waren vor allem Mädchen und Frauen, die er mit einer sogenannten Kaiserschere, auf der Wilhelm II. mit seiner Gattin abgebildet ist, mit einem Dolch oder Hammer zum Teil bis zur Unkenntlichkeit verstümmelt. „Beim Betrachten der Fotos mit den von Kürtens Hammerschlägen zertrümmerten Schädeln oder den von Scherenhieben zerfetzten Kinderkörpern musste ich zum Atemholen innehalten", beschreibt Parmentier. Dass Kürten mehrmals das Blut seiner Opfer trank oder es zumindest versuchte, brachte ihm den Beinamen „Vampir von Düsseldorf" ein.

Die achtjährige Rosa Ohlinger, der 54-jährige Rudolf Scheer, die 20-jährige Maria Hahn, die sechsjährige Gertrud Hamacher, die 14-jährige Luise Lenzen, die 31-jährige Ida Reuter, die 22-jährige Elisabeth Dörrier und die fünfjährige Gertrud Albermann sind die Opfer, für deren Tod Peter Kürten später mit dem Leben bezahlen muss. „Neun Morde, sieben Mordversuche – das ist das, was gesichert ist. Aber wenn man Kürtens eigenen Aussagen im Gefängnis Glauben schenken darf, waren da noch einige Opfer mehr", benennt Hanno Parmentier das schier Unfassbare.

Ein Teil des historischen Gebäudes steht noch.

Endgültig auf die Schliche war die Polizei dem Serienmörder schließlich durch einen kuriosen Umstand gekommen. „Nachdem Kürten in einem Wald erneut zudringlich geworden war, ließ er sein Opfer dennoch laufen. Das sollte ihm zum Verhängnis werden, denn die junge Frau schilderte den Vorfall ihrer Freundin in einem Brief. Irrtümlich wurde dieser aber einem gänzlich unbeteiligten Ehepaar zugestellt, das die Polizei informierte", beschreibt der Historiker die glückliche Fügung des Schicksals. Die Absenderin konnte ausfindig gemacht werden, und weil sie sich daran erinnerte, wo Kürtens Wohnung lag, konnte die Verhaftung wenig später erfolgen. „Da habt ihr aber lange für gebraucht", soll er das Klicken der Handschellen kommentiert haben. Und jetzt kommt das Fenster in der Johannstraße ins Spiel.

„Eigentlich sollte der Prozess vor dem Düsseldorfer Schwurgericht im März 1931 im Justizgebäude am heutigen Martin-Luther-Platz stattfinden. Aber mit mehr als 100 Pressevertretern und bis zu 180 geladenen Zeugen reichte der Platz dort nicht aus", berichtet Hanno Parmentier, wie es mit Kürten weiterging. Außerdem waren sich die Verantwortlichen nicht sicher, ob dort Kürtens Sicherheit gewährleistet gewesen wäre. Zu groß war die Gefahr, dass die aufgebrachten Menschen mit dem verhassten Mörder kurzen Prozess machen könnten, wenn sie nur nah genug an ihn herangekommen wären – was bei einem Transport zwischen dem Gefängnis in der Ulmenstraße und dem Justizgebäude durchaus hätte der Fall sein können.

Schlussendlich fiel die Entscheidung zugunsten der Unterkunft der Düsseldorfer Schutzpolizei und damit für die ehemalige Kaserne des 39er Füsilier-Regimentes. Indem die Turnhalle vom ehemaligen Exerzierschuppen abgetrennt wurde, entstand ein Verhandlungsraum, der den Ansprüchen eines solchen Prozesses wenigstens einigermaßen gerecht wurde: Er war nur rund 300 Me-ter Luftlinie vom Ge-fängnis entfernt und ließ sich vergleichsweise einfach umbauen. „Es musste ein Podium für den Richtertisch errichtet, ein spezieller Verschlag für Kürten eingebaut und die angrenzenden Räume für die Zeugen, die Presse und andere Beteiligte hergerichtet werden. Ausgestattet wurde der Raum mit gemieteten Möbeln und Inventar der Schutzpolizei", sagt Parmentier.

„Es musste ein Podium für den Richtertisch errichtet, ein spezieller Verschlag für Kürten eingebaut und die angrenzenden Räume für die Zeugen, die Presse und andere Beteiligte hergerichtet werden. Ausgestattet wurde der Raum mit gemieteten Möbeln und Inventar der Schutzpolizei."

Am 4. April 1931 begann der Prozess, am 22. April endete er. Eigentlich war damit gerechnet worden, dass er sich über Monate hinziehen würde, doch mit seinem grausam detaillierten Geständnis, in dem es viel um seinen starken sexuellen Trieb und eine angebliche Mitschuld seiner Opfer ging, verkürzte Kürten das Verfahren. Und immer dann, wenn im Gerichtsverfahren eine Pause eingelegt wurde, saß der Mörder im Raum hinter dem heute noch sichtbaren Fenster. „Der Prozess endete zwar mit einem neunfachen Todesurteil. Kürten spekulierte aber trotzdem darauf, dass er – wie viele andere Verurteilte vor ihm – begnadigt werden und eine lebenslange Haftstrafe würde absitzen dürfen. Doch daraus wurde nichts", weiß der Historiker. Kürtens Gnadengesuch wurde abgelehnt – wegen der Schwere des Falls und weil seine Mordserie weltweites Aufsehen erregt hatte.

Peter Kürten starb nicht in „seinem Revier", wie er die Gegend nannte, in der er seine Morde begangen hatte, sondern im Kölner Gefängnis Klingelpütz. Am Morgen des 2. Juli 1931 wurde er mit dem Fallbeil hingerichtet.

War die Geschichte damit zu Ende? „Nein", sagt Hanno Parmentier. „Im Anschluss wurde der Schädel Kürtens von Medizinern auf abnorme Veränderungen untersucht und seine Leiche ohne Kopf bestattet." Und während seine sterblichen Überreste längst den Weg alles Irdischen gegangen sind, gibt es den mumifizierten Kopf des Peter Kürten noch immer: Er gelangte nach dem Zweiten Weltkrieg in die USA und ist dort als Exponat im Museum *Ripley's Believe It or Not!* in der Kleinstadt Wisconsin Dells zu sehen.

Heike Thissen

So geht's zum Fenster:

Das Fenster, hinter dem Peter Kürten während der Prozesspausen saß, befindet sich im historischen Teil des Gebäudes in der Johannstraße 39. Es ist das Fenster rechts außen im Erdgeschoss auf der Gebäudeseite, die der Ulmenstraße zugewandt ist.

Historischer Rundgang
Kaiserswerth
24

05

Menhir

Das älteste Denkmal Düsseldorfs

Hätte Obelix einen Sohn gehabt, hätte dieser kleine Hinkelstein, der etwas verloren am Zeppenheimer Weg steht, gut zu ihm gepasst. Der Monolith wirkt, als hätte ihn ein sehr starker Gallier aus dem berühmten Comic hier abgestellt. Nah an einer Hecke, so, dass er nicht jedem auffällt, der hier vorbeigeht, aber doch so deutlich sichtbar, dass man sich um ihn Gedanken machen kann, wenn man sich für Geschichte interessiert. Und Gedanken haben sich schon etliche Experten gemacht um diesen Menhir, wie Hinkelsteine auch genannt werden: Im Bretonischen bedeutet *maen-hir* so viel wie „langer Stein".

Auch Wilhelm Mayer, Gründer und Leiter des Kaiserswerther Museums, hat sich viel mit dem Menhir beschäftigt und er weiß, dass dieser nicht zufällig steht, wo er steht. „Hinter der Hecke befindet sich der jüdische Friedhof", sagt er. „Die Leute konnten nie etwas mit diesem dämonischen Überbleibsel aus der Jungsteinzeit anfangen und haben sich vor ihm gefürchtet. Der Ort war unbeliebt, und deshalb hat man den Juden unfreundlicherweise den unattraktiven Platz hinter dem Stein zugewiesen." Mayer weiß auch, dass dem Stein eine – 1689 allerdings leider abgegangene – Kirche ihre Existenz zu verdanken hat. „Um sich der dämonischen Wirkung des Steins zu erwehren, hat man auf der anderen Straßenseite die St. Georgskirche gebaut. St.Georg der Drachentöter, der alles Unheil besiegt, sollte auch das vom Stein ausgehende Unheil abwehren. Die Sankt-Göres-Straße erinnert noch daran."

So viel also zu den Reaktionen der Umwelt auf den Stein, über den ansonsten so wenig bekannt ist. Wie alt mag er sein? Wie kam er hier her? Und was hat es mit den merkwürdigen Einkerbungen an der Oberfläche auf sich? Klar ist: Es handelt sich um das älteste Denkmal Düsseldorfs, aufgestellt wurde der Stein zwischen 2000 und 1500 vor

Hat Obelix hier seinen Hinkelstein vergessen?

Christus – ob von den Kelten oder den Germanen, ist indes nicht bekannt.
Zu den Einritzungen gibt es mehrere Überlegungen, aber keine klare Antwort. Die erste Erklärung lautet, dass man im Mittelalter versuchte, kleine Nischen für Kerzen und Kruzifixe in den Stein zu hauen. Eine andere Überlegung ist, bei den Einritzungen könnte es sich um Transportschäden handeln, die entstanden, als man den Stein in den 1950er-Jahren verrückte. Die schlüssigste Variante ist jedoch, dass es sich um verwaschene Verzierungen handelt, wie sie bei Menhiren oft vorkamen: Auf den heiligen Steinen fanden sich häufig Symbole wie Mondsicheln, Schlangen oder Spiralen, die teilweise auch Rückschlüsse auf die Entstehungszeit zuließen. Manche Menhire wurden auch durch das Einmeißeln von Kreuzen christianisiert.

Mayer weiß: „Klar ist, dass der Stein hier singulär steht, ohne Fundzusammenhang zu anderen Menhiren. Klar ist auch, dass er wahrscheinlich zur Zeit der Megalithkultur am Ende der Jungsteinzeit oder zu Beginn der Bronzezeit entstanden ist.“

Wie auch immer die Einkerbungen zustande kamen, was auch immer sie darstellten und wie auch immer der Stein hier herkam: Sicher ist jedenfalls eins: Obelix hatte damit nichts zu tun.

Eva-Maria Bast

So geht's zum Menhir:

Er steht an der Ecke Zeppenheimer Weg / Alte Landstraße.

Wer steht, wo die Linien des Amphitheaters zusammentreffen, ist in einem großen Umkreis zu hören.

06

Amphitheater

Leise Worte mit großer Wirkung

Es ist immer ratsam, die eigenen Worte mit Bedacht zu wählen. Ein falscher Satz zur falschen Zeit am falschen Ort kann fatale Folgen haben für den, der ihn spricht. Doch darüber machen sich vermutlich die wenigsten Spaziergänger, die bei Sonnenschein am Rheinufer flanieren, Gedanken. Zu Recht! Grundsätzlich sind sie auf der sicheren Seite, was ihre vertraulichen Gespräche angeht. Nur für eine Stelle in unmittelbarer Nähe des nordrhein-westfälischen Landtags gilt das nicht. Denn wer hier am falschen – oder am richtigen – Fleck steht, mag noch so leise flüstern – sein gesprochenes Wort wird trotzdem für fremde Ohren bestens zu hören sein.

Celia Vich weiß genau, wo sich dieser Punkt befindet. Die Stadtkennerin mit spanischen Wurzeln geht zielstrebig in die Mitte eines kleinen Amphitheaters zwischen Landtag und Rhein und stellt sich auf einen im Boden eingelassenen Kreis. Von da an ist jedes ihrer Worte auch noch auf den mehrere Meter entfernten Stufen des Halbrunds hervorragend zu verstehen. „Dieses Amphitheater funktioniert genau wie die großen Versionen, die die alten Römer oder Griechen gebaut haben. Es hat eine hervorragende Akustik, weil beim Bau einige wichtige Dinge berücksichtigt wurden", erzählt sie. Als Gesangslehrerin kennt sie sich gut mit Tönen aus und damit, wie sie entstehen, sich ausbreiten und ihre Wirkung entfalten.

„Die gute Akustik entsteht dadurch, dass die Stufen wie ein Filter für die tiefen Töne funktionieren. Dadurch werden Störgeräusche herausgefiltert und das Gesprochene klingt klar und deutlich zu den Zuhörern durch", erklärt die Wahl-Düsseldorferin. Diese Technik machten sich schon die Römer in ihren antiken Theatern zunutze. In der Regel bestanden die Veranstaltungsstätten aus Halbkreisen, vor deren Bühne sich in passendem Abstand stufenförmige Sitzreihen erhoben. Unterteilt waren diese Tribünen durch horizontal und vertikal verlaufende Gänge. Eine große Rolle spielte dabei die so genannte *Fadenregel* des römischen Architekten und Architekturtheoretikers Vitruv (1. Jahrhundert v. Chr.), nach der die Stufen eine konstante Differenz in der Höhe haben müssen. Die Regel besagt, dass ein von der obersten bis zur untersten Stufe gespannter Faden jede der oberen Kanten berühren muss. Damit war gewährleistet, dass sich der Klang konstant ausbreiten kann.

Celia Vich kennt den Punkt, wo sie sich hinstellen muss, um sich trotz leiser Stimme größtmögliches Gehör zu verschaffen.

Dass die Düsseldorfer in den Genuss eines einwandfrei funktionierenden Amphitheaters kommen, verdanken sie Fritz Eller (1927-2018). Der deutsch-österreichische Architekt des nordrhein-westfälischen Landtags gilt als einer der Bedeutendsten seiner Zunft im Nachkriegsdeutschland. Er zeichnete nicht nur für den Regierungssitz am Rhein verantwortlich, sondern zum Beispiel auch für das Kölner Schokoladenmuseum, das Aachener Ludwig Forum und viele Hochhausbauten, die in den 1950er-Jahren entstanden. Beim Bau des Landtags in den Jahren 1982 bis 1988 drehte sich im wahrsten Sinne des Wortes alles im Kreis: Kreise und Kreissegmente prägen den Gebäudekomplex. Dadurch wollten Eller und seine Kollegen versinnbildlichen, dass bei einem Parlament die Räder ineinandergreifen wie bei einer Uhr: In der Mitte steht der kreisrunde Plenarsaal, darum herum sind wie Satelliten die kreisrunden Sitzungssäle angefügt.

Außen vor der Kantine des Landtags hat er diesen Gedanken weitergeführt – mit einem Halbkreis, in dem sich jeder Passant ganz einfach Gehör verschaffen kann, wenn er das denn möchte. Und nicht nur die Zuhörer auf den acht Stufen können den Sprecher gut verstehen. Auch er selbst hört sich so intensiv, als würde er Kopfhörer tragen. Das liegt an den Glaswänden der Kantine, die den Klang seiner Stimme zu ihm zurückwerfen.

„Das erinnert an die Speaker's Corner in London, wo jeder politische Reden schwingen kann, der es will, solange er nicht das Königshaus kritisiert", erkennt Celia Vich eine Parallele zur Hauptstadt Großbritanniens. Doch während es die „Ecke der Redner" am nordöstlichen Ende des Hyde Parks zu weltweiter Berühmtheit gebracht hat, stellt sich selten jemand auf den Kreis in der Mitte des Halbrunds neben dem Landtag, um die hervorragende Akustik dort zu nutzen. Nicht dass die Düsseldorfer nichts zu sagen hätten. Die meisten von ihnen wissen nur nicht, wo sie sich hinstellen müssen, um sich mühelos Gehör zu verschaffen.

Heike Thissen

So geht's zum Amphitheater:

Das kleine Amphitheater mit seiner besonderen Akustik befindet sich zwischen dem Landtagsgebäude (Platz des Landtags 1) und dem Rhein genau vor der Landtagskantine.

........E SERBI UN SASSO IL NOME,
E DI FIORI ODORATA ARBORE AMICA
LE CENERI DI MOLLI OMBRE CONSOLI.
FOSCOLO.
DEI SEPOLCRI 38-40.

07

Grabmal

Wand an Wand mit einer Mumie

Am 26. Mai 1930 erhält der Düsseldorfer Stadtoberarzt Dr. Albrecht einen Brief, der ihn in Erstaunen versetzt: Ein gewisser Luigi Mancini teilt ihm mit, er wolle seine Frau aus Genua in sein Düsseldorfer Haus an der Kö, in dessen Erdgeschoss er ein Weinlokal betreibt, holen. Daran wäre ja an sich nichts Besonderes – wenn die Gattin nicht schon seit zwei Jahren tot wäre. Luigi Mancini lässt den Amtsarzt wissen, seine Gattin Wilhelmina sei einbalsamiert worden und das Haus an der Kö solle mitnichten ihre letzte Ruhestätte werden. Es sei nur eine Übergangslösung, bis er ihr Mausoleum auf dem Nordfriedhof fertiggestellt habe. Dr. Albrecht genehmigt ihm, die Leiche fünf Tage lang in seinem Hause aufbewahren zu dürfen.

„Anfangs zeigte sich die Stadtverwaltung langmütig, ja, bei der Lektüre der amtlichen Schreiben zeigt sich so etwas wie Mitgefühl für den vordergründig untröstlichen Witwer von der Königsallee", erzählt Stadtarchivar Dr. Benedikt Mauer, der die städtische Verwaltungsakte in den Tiefen seines Stadtarchivs ausgegraben hat. Doch sehr zügig seien Inhalt und Stil der Briefe Luigi Mancinis in ein forderndes, kompromissloses Verhalten gekippt. Denn plötzlich ist der Witwer, der seine Frau inzwischen nach Düsseldorf überführt hat, ganz und gar nicht mehr bereit, die sterblichen Überreste auf den Nordfriedhof zu bringen. Wie Mauer berichtet, sei er der Ansicht gewesen, „der Körper seiner Frau sei im Augenblick ihres Todes zu einer Sache geworden und er sei als Alleinerbe zugleich Erbe ihres Leichnams, weshalb er mit diesem verfahren könne, wie er wolle".

Mancini lässt die Stadtverwaltung wissen, seine Frau ruhe in einem Zinksarg neben seinem Schlafzimmer, der sei stets mit frischen Blumen geschmückt und ein hübsch anzusehendes Möbel. Ob und – wenn ja – wann er sie bestatten lassen werde, sei allein seine Sache.

Der aus Carrara-Marmor geschlagene Grabstein ist bis heute einer der schönsten auf dem nicht eben kleinen Nordfriedhof.

„Zudem bemühte er vergleichbare Fälle", berichtet Mauer weiter. „Seine Argumente reichten vom Reliquienkult bis hin zu Berühmtheiten wie den sterblichen Überresten Arthur Conan Doyles, Giacomo Puccinis oder Richard Wagners. Allerdings war der Leichnam keiner der genannten Personen dauerhaft aufbewahrt worden."
Obgleich der Witwer Jura studiert hatte und einige Jahre in Mailand als Anwalt tätig war, habe er die Aussichtslosigkeit seines Ansinnens nur begrenzt erkannt: „Er stellte beispielsweise weitschweifig dar, dass es einen grundlegenden juristischen Unterschied zwischen einer Leiche und einer Mumie gebe", schildert Mauer den weiteren Verlauf der Auseinandersetzung.

Das Verständnis der Stadtverwaltung für den Witwer ist lange schon der Entschlossenheit gewichen, die Leiche aus dem Haus an der Kö rauszuholen. Unterstützung kommt von der Verwandtschaft der Verstorbenen: Die hat ebenfalls die Geduld verloren und drängt die Stadt, auf eine zügige Beisetzung Wilhelminas hinzuwirken.

Auch die Presse hatte mittlerweile von dem Fall erfahren und machte Druck: „Ein für die *Süddeutsche Sonntagspost* tätiger Journalist verfasste eine lange Reportage. Es gelang ihm nicht nur, mit Mancini zu sprechen, sondern auch den Sarg im zweiten Stock des Restaurant- und Wohngebäudes in Augenschein zu nehmen, der mittlerweile seit acht Wochen dort stand", sagt der Stadtarchivar, der aus dem Artikel zitiert: „Auf einem wenig hohen Podest steht der Sarg. Weiße Seide umschlingt einige Palmwedel, die auf dem Sargdeckel liegen. ‚Meiner innigstgeliebten Frau. Willkommen'. So steht es auf der Seide. Dann sieht man ein Täfelchen mit dem Namen, mit den Jahreszahlen, [...] schaut durch ein ovales Fensterchen in das Innere des Sarges, auf den zweiten Sarg, einen Zinksarg, der die Leiche birgt." Der *Stadtanzeiger* beklagt: „Wie konnte man einem solch lästigen Ausländer gegenüber [...] eine solche Lammesgeduld an den Tag legen?"

Damit ist es nun jedoch vorbei: Die ungemeine Hitze von rund 35 Grad nimmt Polizeikommissar Sohn zum Anlass, den Witwer aufzusuchen und sich nach dem Wohlbefinden der Verstorbenen zu erkundigen – derartige Temperaturen sind schließlich keine idealen Voraussetzungen für die Aufbewahrung einer Leiche im Wohnzim-

mer. Das scheint auch Mancini eingesehen zu haben: Er erklärt dem Beamten, er habe seine Gemahlin am Vortag bestatten lassen.
Aber ganz können es die Beamten noch nicht glauben, sie haken nochmals nach und erhöhen den Druck. Man fordert Auskunft darüber, wo genau die Leiche bestattet worden sei. Da gesteht Luigi Mancini, gar nicht bestattet habe er sie: Unter dem Bett hat er seine verstorbene Frau versteckt. Für die Polizei steht fest, dass die Leiche noch am gleichen Tag aus dem Haus gebracht werden muss. Die Beamten verlassen das Gebäude, um alles in die Wege zu leiten. Bei ihrer Rückkehr stehen sie vor einer verriegelten Tür, Mancinis Mitarbeiter versuchen, mit der Leiche durch den Hinterausgang zu fliehen. Doch den Beamten gelingt es, durch die Toilette des Weinlokals ins Haus einzudringen und die Mumie anschließend auf den Nordfriedhof zu bringen.
Dort wird die Verstorbene von ihren Geschwistern identifiziert. „Offensichtlich hatte sich die mumifizierte Leiche recht gut erhalten – zumindest zwei Anwesende konnten sie zweifelsfrei erkennen, eine dritte war sich da nicht ganz so sicher. Ein gewaltsamer Tod konnte ausgeschlossen werden, Wilhelmina war unstrittig einem Krebsleiden erlegen“, erzählt Benedikt Mauer. Von dem Mausoleum, das Mancini der Stadtverwaltung angekündigt hatte, war und ist allerdings weit und breit nichts zu sehen: Wie Mauer recherchierte, gab es das angekündigte Grabmal wohl noch nicht einmal in der Planungsphase.
Wilhelmina Mancini wird im Familiengrab ihrer Eltern beigesetzt. „Der aus Carrara-Marmor geschlagene Grabstein ist bis heute einer der schönsten auf dem nicht eben kleinen Nordfriedhof“, findet Mauer. Von den tragischen Jahren zwischen ihrem Tod und dem Ankommen in ihrer letzten Ruhestätte erzählt der Grabstein allerdings nichts.

Eva-Maria Bast

So geht's zum Grabmal:

Es befindet sich auf dem Nordfriedhof, Am Nordfriedhof 1, im Feld 74.

08

Pflastersteine

Grundriss der Sternwarte im Hinterhof

Vor der Kirche Alt St. Martin in Bilk steht ein Teleskop auf einem Steinsockel. Es erinnert – das wissen in dem Düsseldorfer Stadtteil viele – an die ehemalige Sternwarte, die nicht weit entfernt stand. Auch die Sternwart-, die Merkur-, die Neptun- und die Planetenstraße halten das Gedenken daran aufrecht, dass hier in den Jahren 1843 bis 1943 ein astronomisches Observatorium stand. „Aber kaum jemand weiß, dass am Originalstandort noch etwas an die Einrichtung erinnert – nämlich ihr Grundriss", erklärt der Heimatforscher Thomas Bernhardt. Ihm jedoch ist beim Vergleich von historischen Plänen und aktuellen Luftaufnahmen aufgefallen, dass die Steine in einer ganz bestimmten Form angeordnet sind. „Sie markieren den Umriss der ehemaligen Forschungseinrichtung", fasst er seine Erkenntnisse zusammen.

Die Bilker Sternwarte, deren Ausmaß sich heute anhand der von den Pflastersteinen eingefassten Grünfläche nur noch erahnen lässt, gehörte Ende des 19. Jahrhunderts zu den erfolgreichsten in ganz Deutschland. Allein in den Jahren 1852 bis 1890 wurden von hier aus 24 Himmelskörper entdeckt, von denen sieben im Weltregister des Universums als „Düsseldorfer Planeten" eingetragen sind. „Den Grundstein für diese Erfolge legte 1843 der Physiker und Astronom Johann Friedrich Benzenberg, der an dieser Stelle ein eingeschossiges Haus mit privatem Observatorium errichten ließ. Er benannte es nach seiner verstorbenen Frau Charlotte, weshalb die Sternwarte noch heute unter dem Namen *Charlottenruh* bekannt ist", erklärt Thomas Bernhardt.

Aber es war nicht die erste Sternwarte, die der Professor für Naturkunde und Astronomie errichtet hatte. „Anfang des 19. Jahrhunderts lebte und arbeitete er in der Sternwarte auf dem Dach der ehemaligen Jesuiten-Klosteranlage. Doch dann zwangen ihn familiäre Schicksalsschläge, die Anlage dort aufzugeben. Also kaufte er sich ein Privathaus

Thomas Bernhardt hat herausgefunden, dass die Pflastersteine zu seinen Füßen den Umriss der ehemaligen Sternwarte darstellen.

in der Hohen Straße, auf dessen Dach er 1810 eine neue Sternwarte errichtete", hat der Heimatforscher herausgefunden. Doch wieder war ihm kein Glück beschieden: Dieses Mal machte ihm eine Krankheit so zu schaffen, dass er von der Sterneguckerei ablassen musste. Thomas Bernhardt weiß, dass Johann Friedrich Benzenberg (1777-1846) dennoch hartnäckig blieb: „Erst über 30 Jahre später konnte er sich nach politischen Wirren und zahlreichen Reisen durch Deutschland und Frankreich seinen Lebens-traum erfüllen – mit der Charlottenruh."

Benzenberg, der am Düsseldorfer Lyzeum lehrte, war fasziniert von der Theorie, dass die Sonne den Mittelpunkt ihres gesamten Planetensystems bildet und die Erde sich alle 24 Stunden um die eigene Achse dreht. Er verwendete das Haus, das er nach seiner verstorbenen Ehefrau „Charlottenruh" genannt hatte, nicht nur dafür, Sternschnuppen zu beobachten, sondern wohnte hier auch. Für seine Forschung benutzte der Wissenschaftler vor allem einen sogenannten Refraktor, ein Fernrohr mit 1,8 Metern Brennweite. Es erlaubte ihm, mit Hilfe eines kreisförmigen Stahlrings in der Brennebene – einem Kreismikrometer – die Sternpositionen zu vermessen.

Eine Grünfläche, die von Pflastersteinen durchbrochen wird: Hier stand die Bilker Sternwarte.

Nach seinem Tod 1846 vermachte Benzenberg die Sternwarte der Stadt Düsseldorf – unter einer Bedingung: dass sie dort einen Astronomen beschäftigte. Das tat sie und holte im Jahr darauf Franz Friedrich Ernst Brünnow (1821-1891) aus Berlin als Leiter nach Bilk. Zu Ruhm und Ehre führten das Institut dann dessen Nachfolger Prof. Dr. Robert Luther als Leiter in den Jahren von 1851 bis 1900 und dessen Sohn Dr. Wilhelm Luther von 1900 bis 1937, die von hier aus wichtige Erkenntnisse für die weltweite astronomische Wissenschaft gewannen. Luther senior spezialisierte sich auf die Positionsbestimmung von Planeten und Asteroiden und entdeckte 1852 seinen ersten und 1890 seinen letzten von insgesamt 24 Kleinplaneten zwischen Mars und Jupiter. Außerdem überarbeitete er einen Sternkatalog für die Berliner Königliche Akademie der Wissenschaften, in dem eine große Anzahl von Himmelskörpern aufgelistet war. 1892 wurde sein Sohn als Adjunkt zugelassen und unterstützte ihn bei seiner Arbeit, acht Jahre später übernahm er die Leitung von seinem Vater. Bis 1937 forschte Luther junior in Bilk, dann war Schluss mit der Astronomie unweit der Kirche Alt St. Martin.

„Weil die Düsseldorfer Nächte dank Industrialisierung und Straßenbeleuchtung immer heller wurden, war es zunehmend schwer, von hier aus Sterne zu sehen", benennt Thomas Bernhardt den Grund und blickt nach oben in den Himmel. „Deshalb wurde die Sternwarte ab 1937 nicht mehr genutzt. Ihr Ende kam aber erst sechs Jahre später, als sie im Zweiten Weltkrieg bei einem Luftangriff vom 11. auf den 12. Juni 1943 zerstört wurde." Was in den Ruinen erhalten blieb, war das ausgebrannte Teleskop, das nach Kriegsende als Erinnerung an die Forschungseinrichtung vor der Kirche aufgestellt wurde. Und dank der Pflastersteine im begrünten Hinterhof können Eingeweihte sogar noch nachvollziehen, wie ihr Grundriss aussah.

„Weil die Düsseldorfer Nächte dank Industrialisierung und Straßenbeleuchtung immer heller wurden, war es zunehmend schwer, von hier aus Sterne zu sehen."

Heike Thissen

So geht's zu den Pflastersteinen:

Der Hinterhof mit den Pflastersteinen, die den Grundriss der Sternwarte darstellen, liegt zwischen den Gebäuden des Häuserkomplexes Sternwartstraße 40.

Verdrehte Turmspitze

Warum mag der Teufel Kölsch?

Da gibt es nichts dran zu rütteln: Die Spitze dieses Turms ist irgendwie krumm: „So schief wie der von Pisa ist er nicht“, räumt Stadtarchivar Dr. Benedikt Mauer ein. „Aber als in sich verdreht kann man den Kirchturm von St. Lambertus schon bezeichnen.“ Wie es dazu kam? Da gibt es gleich mehrere Versionen. Benedikt Mauer kennt sie alle, zunächst will er jedoch darauf aufmerksam machen, dass es sich bei St. Lambertus um die älteste Kirche der Altstadt und eines der Wahrzeichen Düsseldorfs handelt: Schon zum Zeitpunkt der Stadterhebung 1288 befand sich hier ein Gotteshaus – zusammen mit dem Lieferhaus übrigens der einzige Steinbau der Siedlung an Düssel und Rhein.

„In den folgenden Jahrhunderten erfuhr dieses Bauwerk zahlreiche bauliche Eingriffe, Erweiterungen und Stiftungen. Als Marienstift bekannt, wirkten hier – und wohnten in der Nähe – zahlreiche Stiftsgeistliche“, beschreibt der Stadtarchivar die Baugeschichte und Bedeutung von St. Lambertus. Zudem sei die Kirche mehr als 200 Jahre lang Grablege der Herzöge von Berg gewesen.

Und immer wieder war das Bauwerk von äußeren Einflüssen bedroht: 1758 etwa, als im Siebenjährigen Krieg (1756-1763) preußisch-hannoversche Truppen die Stadt belagerten und am 29. Juni beschossen. „Die Schäden, die die katholische Hauptkirche davontrug, waren erheblich. Das Dach wurde durch zahlreiche Kanonenkugeln stark beschädigt, eine weitere Kugel zerschlug das Chorgewölbe, prallte auf den Boden und ruinierte explodierend das Chorgestühl. Alle Fenster gingen zu Bruch“, zählt der Stadtarchivar auf, „die Beschädigungen konnten jedoch recht zügig beseitigt werden.“

Das ist alles sehr interessant, aber von einer verdrehten Turmspitze gibt es bisher noch keine Spur. Doch am 11. Januar 1815 schlug der Blitz in die Kirche ein. „Düsseldorf verfügte zu dieser Zeit noch nicht über eine schlagkräftige Berufsfeuerwehr, zudem gestaltete es

Warum ist die Turmspitze von St. Lambertus verdreht? Stadtarchivar Benedikt Mauer kennt dazu drei Erklärungen.

sich schwierig, den Ort des Brandes mit Wasser zu erreichen", schildert Benedikt Mauer die Problematik. Schlossermeister Josef Wimmer wusste jedoch Rat: Er kletterte auf den Turm, schlug brennende Balken und Sparren ab und verhinderte so den Einsturz des gesamten Turmhelms und das Übergreifen der Flammen auf das Kirchenschiff. „Flüssiges Blei tropfte herab, lief auf seinen bis heute erhaltenen Hut und verletzte ihn so schwer, dass er seinem Beruf nicht mehr nachgehen konnte", erzählt der Stadtarchivar die dramatische Geschichte weiter.

Erneut machten sich die Düsseldorfer daran, den Turm aufzubauen. Und dabei kam es irgendwann eben auch zu der verdrehten Spitze: „Immer wieder wird kolportiert, dass das beim Wiederaufbau verwendete Holz feucht gewesen sei und so die charakteristische Drehung des Turmhelms zu erklären wäre", sagt Mauer, der diese Erklärung jedoch nicht schlüssig findet: Bauzeichnungen legten, anders als idealisierende Stadtansichten, nahe, dass der Turm noch in den 1850er-Jahren keine Verdrehung habe erkennen lassen. „Eine weitere Erklärung wäre ein zu hohes Gewicht der durch Architekt Vagedes realisierten Turmspitze", fährt der Chef des Stadtarchivs fort und ergänzt: „Eine dritte Variante, nach der dies absichtlich geschehen sei, um die am Niederrhein häufig starken Winde geschickt um den Turmhelm herumzulenken, konnte nicht belegt werden."

Eine religiös konnotierte Erklärung gebe es natürlich auch noch, fügt Mauer schmunzelnd hinzu. Und die geht so: Der Teufel sei wütend darüber gewesen, dass die Düsseldorfer kein Kölsch, sondern Alt trinken, und habe deshalb die Turmspitze verdreht. Augenzwinkernd schließt Mauer mit den Worten: „Was dann selbstverständlich eine weitere Frage aufwirft: Warum mag der Teufel Kölsch?"

Eva-Maria Bast

So geht's zur verdrehten Turmspitze:

Der Turm von St. Lambertus mit der verdrehten Spitze steht am Stiftsplatz 7.

Stephan Wappner kann anschaulich erklären, was diese alte Mauer mit einem luxuriösen Anwesen zu tun hat.

10

Steinmauer

Keine Spur von Flamingos und Rolls-Royce

Es ist nichts geblieben, außer einer alten Mauer. Nichts ist mehr zu sehen von einer Luxusvilla und Rolls-Royce-Limousinen, von Flamingos und Papageien, von Doggen und Boxern. Einfamilienhäuser? Ja. Protzige Anwesen? Nein. Dass die Mauer einst zur Villa des Kaufhaus-Milliardärs Helmut Horten (1909-1987) gehörte, lässt sich also beim besten Willen nicht erahnen. „Und trotzdem kann man an ihr die ganze Geschichte hervorragend erzählen", sagt Journalist Stephan Wappner, Redakteur in der Düsseldorfer Stadtredaktion der NRZ.

Es ist eine Geschichte, die vom glanzvollen Aufstieg eines einfachen Textilkaufmannes zu einem der reichsten Männer des 20. Jahrhunderts erzählt. Denn lange bevor Helmut Horten sich eine Villa am Leuchtenberger Kirchweg 63 im Stadtteil Lohausen leisten konnte, machte der in Bonn geborene Juristensohn nach dem Abitur erst einmal eine Lehre im Düsseldorfer Kaufhaus Tietz, der späteren Kaufhof AG. Dabei stellte sich schnell das kaufmännische Geschick Hortens heraus. „Als er 27 Jahre alt war, wurde ihm das jüdische Traditionshaus der Gebrüder Alsberg in Duisburg angeboten und er griff zu. Das war 1936 und fiel damit in die Zeit der sogenannten Arisierung durch die Nationalsozialisten", beschreibt Stephan Wappner den nächsten Schritt in Hortens Karriere. Jüdische Mitarbeiter durften fortan nicht mehr bei ihm arbeiten, stattdessen warb er mit „Jetzt in arischem Besitz" um seine Kunden. Sechs weitere Kaufhäuser von vertriebenen jüdischen Vorbesitzern mit den Standorten Wattenscheid, Gevelsberg, Bielefeld, den ostpreußischen Städten Königsberg und Marienburg sowie dem westpreußischen Marienwerder kamen bis 1939 noch hinzu.

„Während des Weltkriegs war er dafür zuständig, die kriegsbedingt kontingentierten Waren für die Kauf- und Warenhäuser am Niederrhein zu verteilen. Deshalb hielten ihn die Briten nach Kriegsende eineinhalb Jahre in einem Internierungslager bei Recklinghausen gefangen", sagt Wappner. Danach dauerte es nicht lange, bis der Unternehmer zu seiner alten Größe zurückfand – und sein Geschäft noch weiter ausbaute:

Als im Juni 1948 die D-Mark eingeführt wurde, ergriff der inzwischen 39-Jährige die Gelegenheit beim Schopf und baute in Duisburg in nur 100 Tagen ein modernes Kaufhaus. „Vor dem Hintergrund, dass drei Jahre nach Kriegsende das Ruhrgebiet noch weitgehend in Schutt und Asche lag, war das sechs Stockwerke hohe 100-Tage-Haus für die Menschen eine Sensation", ordnet Stephan Wappner die Geschehnisse ein. Dass in den Regalen auch tatsächlich Waren lagen, die zum Verkauf standen, dafür hatte Horten schon früh Sorge getragen: Bereits im letzten Kriegsjahr hatte er damit begonnen, Bestände in einem alten Schacht der Hamborner August-Thyssen-Hütte zu lagern. 1952 und 1954 kaufte er zwei kleinere Warenhausketten von in die USA emigrierten jüdischen Familien auf und eröffnete weitere Filialen, die alle seinen Namen trugen – „Helmut Horten GmbH".

„Innerhalb von 20 Jahren hat er es dann geschafft, ein Vermögen von gut einer Milliarde Mark anzuhäufen", bringt der Journalist die Wirtschaftswunder-Karriere auf den Punkt. Unter Hortens Führung entwickelte sich das Unternehmen zur viertgrößten Kaufhauskette

Deutschlands – hinter Karstadt, Hertie und Kaufhof. Das Geheimnis seines Erfolgs lag in dem Sortiment, das seine Kaufhäuser anboten: Horten ließ sich von amerikanischen Vorbildern inspirieren und war einer der Ersten, die in Deutschland ein Voll-Sortiment anboten, also fast alles, was die Menschen zum täglichen Leben brauchen.

Sitz seines Imperiums war Düsseldorf, wo er sich als alleiniger Gesellschafter einen mondänen Flachbau errichten ließ, in dessen Garten Flamingos und Papageien lebten und in dessen Garage ein Rolls-Royce-Fuhrpark stand. Im Gebäude hinter der alten Mauer, die heute noch dort zu sehen ist, sollen Anfang der 1960er-Jahre viele politische Größen ein und aus gegangen sein. Horten, der der FDP nahe stand, lud liberale Spitzenpolitiker zusammen mit Unionsgrößen wie Franz-Josef Strauß (1915-1988) zu vertraulichen Gesprächen an seinen Kamin, um sie über eine Anbindung der Freidemokraten an die Union beraten zu lassen.

Doch obwohl Horten seine Düsseldorfer Villa liebte, hatte er anderes im Sinn, als dort seinen Lebensabend zu verbringen. „Er machte aus der GmbH eine Aktiengesellschaft und verkaufte zwischen 1969 und 1971 von der Schweiz aus sämtliche Aktien, ohne seinen Gewinn von mehr als einer Million Mark zu versteuern", sagt Wappner. Eine Lücke im deutschen Finanzrecht erlaubte Horten den Coup, weshalb er bis heute als der Prototyp eines Steuerflüchtlings gilt. Dass er deshalb bei seinen Landsleuten samt Presse und Politikern in Ungnade fiel, gehörte zu den Dingen, die ihn bis zu seinem Lebensende grämten.

Später ist nichts außer einer Mauer am Leuchtenberger Kirchweg geblieben vom Luxus des Mannes, der eine der steilsten Karrieren des deutschen Wirtschaftswunders hingelegt hat.

Heike Thissen

So geht's zur Steinmauer:

Die Mauer, die einst zum Anwesen von Helmut Horten gehörte, steht im Leuchtenberger Kirchweg 63.

Säulenheilige

Marlis und die fehlenden Engelsflügel

An ihnen vorbeizugehen, ohne sie zu sehen, ist fast unmöglich: Dafür sind die sogenannten „Säulenheiligen" auf etlichen Litfaßsäulen im Düsseldorfer Stadtgebiet viel zu auffällig. Allein oder zu zweit stehen sie in Lebensgröße auf den Deckeln der Anschlagsäulen und zeigen Menschen aus dem Alltag. Ein Geschäftsmann im Anzug, ein Urlauber in Badehose oder eine Braut im Hochzeitskleid sind mit dabei. Und vor dem Studio des Westdeutschen Rundfunks (WDR) in der Stromstraße steht eine Frau mit Jeans und rotem Oberteil. Sie hält ihre Hände hinter dem Rücken verschränkt, hat den Kopf weit nach oben gereckt und die Augen geschlossen.

„Das ist Marlis", stellt Künstler Christoph Pöggeler vor, und er muss es wissen, hat er doch alle Figuren geschaffen und in der Stadt aufgestellt. „Die Vorlage für diese Figur ist ein simples Urlaubsfoto, das ich von meiner Lebensgefährtin auf einer Italienreise gemacht habe. Und auf diesem Schnappschuss ist sie eben in genau dieser etwas eigenartigen Pose zu sehen." Doch was tat die Lebensgefährtin, die ebenso wie die Figur Marlis heißt, gerade, als Pöggeler auf den Auslöser drückte?

„Wir waren in einer Villa im Veneto, wo in einer Nische eine Skulptur fehlte. Lediglich die Flügel einer Engelsfigur waren dort noch zu sehen. Meine Lebensgefährtin hat sich so in den Hohlraum gestellt, dass es so aussah, als seien die Flügel ihre eigenen. Sie hat also den Engel ersetzt und ich habe sie dabei fotografiert", erklärt der gebürtige Münsteraner, dessen künstlerischer Schwerpunkt eigentlich auf der Malerei liegt. Als er später ein Motiv für einen neuen Säulenheiligen suchte, fiel ihm der Schnappschuss wieder in die Hände und er setzte ihn um. Denn dieses Foto, zufällig aufgenommen, zeigt genau das, wonach Pöggeler in seinen Säulenheiligen sucht: Alltagsmomente mit Alltagsmenschen. Hat er sie gefunden, schafft er entsprechende Stahl-

Die Säulenheilige „Marlis" hält die Hände hinter dem Rücken und reckt den Kopf nach oben. Warum hat Künstler Christoph Pöggeler sie in dieser eigenartigen Körperhaltung dargestellt?

gerippe, modelliert sein Modell mit Ton, nimmt davon einen Silikonabdruck und füllt diesen dann mit Polyester aus. „In den Beinen steckt Stahl, mit dem die Figuren wind- und wetterfest im Deckel der Beton-Litfaßsäulen verankert werden", erklärt Pöggeler. Am Ende bemalt er die Figuren so, dass sie aussehen wie genau jene Menschen, die später zu ihren Füßen an ihnen vorbeigehen werden. Bis zu sechs Monate arbeitet er an einem Motiv.

„Ich halte die klassischen, massiven Litfaßsäulen für ein wunderbares Stadtmedium. Sie dienen immer noch der Kommunikation", erklärt der Künstler sein Faible für die ausgefallenen Standorte seiner Säulenheiligen. Die Bezeichnung wählte er nach Vorbildern der Antike und des frühen Christentums, als Mönche auf der Suche nach besonderen Gotteserfahrungen mehrere Tage auf Säulen verharrten. Dem Wetter schutzlos ausgeliefert, von Insekten und Vögeln attackiert, ging es ihnen darum, einen starken Willen und ein geduldiges Gemüt zu trainieren.

Christoph Pöggeler hat seit 2001 etliche Figuren auf Beton-Litfaßsäulen gestellt.

Der erste Säulenheilige, von dem Name und Geschichte überliefert sind, war ein syrischer Bauernsohn namens Symeon (389-459), ein Asket und Eremit, der die letzten 37 Jahre seines Lebens vorwiegend auf einer Säule stehend verbracht haben soll. Von anfänglichen drei Metern Höhe wurde die Säule im Laufe der Jahre auf 20 Meter angehoben, denn Symeons Mitmenschen hatten begonnen, ihm Fäden von seiner Kutte abzureißen, weil ihnen wundersame Kräfte nachgesagt wurden. „Später wurde der Begriff eher ironisierend benutzt", erklärt Pöggeler, der sich lange Gedanken darüber gemacht hat, wie er seine Figuren nennen will.

Natürlich sind es keine Heiligen oder Asketen, die er auf die Litfaßsäulen stellt. Im Gegenteil: „Diese Menschen, die ich zeige, haben alle ein Vorbild in der Realität. Das sind ganz normale Leute, keine Berühmtheiten. Sie sind nicht heilig, aber sie sind wichtig", erklärt er die Motivation, die hinter seinen Motiven steckt. Wenn die Passanten in der Düsseldorfer Altstadt an seinen Säulenheiligen vorbeikommen, sollen sie kurz daran denken, dass in jedem von ihnen Potential steckt. Das wünscht er sich. Und deshalb hat er sie aufgestellt, die Roma-Mutter mit ihrem Kind auf dem Arm, den Vater mit seinem Sohn auf den Schultern, die beiden Paare, die sich küssen oder Hand in Hand durchs Leben gehen, und die Frau, die in einem Buch lesend auf den Bus wartet, anstatt gebannt auf ihr Smartphone zu gucken. Und seine Lebensgefährtin Marlis mit den unsichtbaren Engelsflügeln.

„Diese Menschen, die ich zeige, haben alle ein Vorbild in der Realität. Das sind ganz normale Leute, keine Berühmtheiten. Sie sind nicht heilig, aber sie sind wichtig."

Heike Thissen

So geht's zur Säulenheiligen:

Die Figur der Marlis steht auf der Litfaßsäule in der Stromstraße vor dem WDR-Studio Düsseldorf (Stromstraße 24). Alle anderen Säulenheiligen sind im Stadtgebiet verteilt.

Nummer

Der Arm des Gekreuzigten

Mit bloßem Auge kann man sie fast nicht erkennen, durch den Zoom der Kamera ist sie aber deutlich auszumachen: Am linken Arm der Jesusfigur, die am Turm der Rochuskirche angebracht ist, ist eine Nummer eingestanzt: *16670.*

Peter Henkel weiß, was es damit auf sich hat – und auf welche Weise die Nummer mit dem Nationalsozialismus und einem Geistlichen verbunden ist. „Die Rochuskirche hatte zwei Vorgängerbauten und wurde im Zweiten Weltkrieg schwer zerstört", beginnt der Historiker die Geschichte zu erzählen. In der Nachkriegszeit stand sie noch einige Zeit als Ruine und wurde schließlich 1953 gesprengt, nur der Turm blieb als Mahnmal stehen und wurde in die neue, im August 1954 fertiggestellte Kirche integriert. Zum Deutschen Katholikentag im Jahr 1982 schuf der Bildhauer Bert Gerresheim die Jesusfigur am Kreuz – im Gedenken an den Franziskanerpater Maximilian Kolbe (1894-1941). „Sie wurde beim Open Air Gottesdienst im Rheinstadion gezeigt. Anschließend hat man sich entschieden, die Figur hier am Kirchturm anzubringen", sagt Peter Henkel.

„Es handelt sich um die Häftlingsnummer von Maximilian Kolbe. Der Geistliche war von den Nationalsozialisten im Konzentrationslager ermordert worden."

Aber was hat es mit der Nummer auf sich? „Es handelt sich um die Häftlingsnummer von Maximilian Kolbe", erklärt der Historiker. „Der Geistliche war von den Nationalsozialisten im Konzentrationslager ermordet worden."

Maximilian Maria Kolbe heißt bei seiner Geburt im polnischen Zdunska Wola noch Rajmund Kolbe. Seine religiöse Prägung beginnt früh: Sein Vater Julius Kolbe ist Mitglied der polnischen Legion Piłsudski, kämpft gegen die russischen Besatzer Kongresspolens und

Der linke Arm dieser Jesusfigur birgt ein Geheimnis.

wird hingerichtet. Nach dem gewaltsamen Tod ihres Mannes tritt seine Mutter in den Orden der Benediktinerinnen ein.
Der junge Rajmund hat 1910 eine Marienerscheinung und beginnt in der Folge sein Noviziat bei den Minderen Brüdern. Hier nimmt er auch seinen Ordensnamen Maximilian Maria an. 1915 promoviert er in Philosophie, 1919 in Theologie. 1917, ein Jahr vor seiner Priesterweihe, gründet er die religiöse Gesellschaft „Militia Immaculatae" (Miliz der Unbefleckten) und zehn Jahre später, 1927, westlich von Warschau die Klosterstadt Niepokalanow (Stadt der Unbefleckten). In der Folge betätigt sich der Geistliche publizistisch: In Niepokalanow gibt es einen Verlag, über den Kolbe bis 1939 drei Zeitschriften herausgibt, die es zusammen auf eine stolze Auflage von 1,2 Millionen bringen. 1930 reist er nach Japan, um dort zu missionieren, auch hier gibt er wieder eine Zeitschrift heraus.

Bei genauem Hinsehen kann man es erkennen: In den Arm der Jesusfigur ist eine Nummer eingeritzt.

Zu Beginn des Zweiten Weltkriegs besetzen deutsche Truppen Niepokalanow am 19. September 1939 und Maximilian Kolbe wird, wie die meisten seiner Mitbrüder, verhaftet. Bis zum 8. Dezember wird er im Konzentrationslager festgehalten. Später, nach seiner Freilassung, wird seine Stadt Niepokalanow zum Rettungsanker: Viele polnische Flüchtlinge, darunter 2.300 Juden, suchen bei ihm Zuflucht. Doch dann stürmen die Nationalsozialisten am 17. Februar 1941 Niepokalanow erneut. Wieder verhaften sie Kolbe und bringen ihn nach Auschwitz-Birkenau. Seine Häftlingsnummer: 16670.
Und dann wird er zum Märtyrer: Nachdem im Juli 1941 angeblich ein Häftling aus dem KZ ausgebrochen ist, will Lagerführer Karl Fritzsch

(1903-1945) andere dafür büßen lassen. Zehn wählt er aus, die im Hungerbunker elend zu Grunde gehen sollen. Einer dieser zehn ist Franciszek Gajowniczek. Der Vater zweier Söhne gerät, als ihn das Urteil trifft, vor Sorge um seine Familie vollkommen aus der Fassung. Kolbe kann das Leid nicht mitansehen und ist bereit, an Gajowniczeks Stelle zu treten. Freiwillig geht er in den Block 11, in den Hungerbunker, tröstet seine Mitgefangenen und betet mit ihnen. Am 14. August 1941 stirbt er. Man hat ihm das Nervengift Phenol injiziert – ebenso wie drei weiteren Verurteilten, die noch nicht verhungert sind.

30 Jahre nach seinem Tod wird er von Papst Paul VI. (1897-1978) seliggesprochen. Die Heiligsprechung erfolgt am 10. Oktober 1982 durch Papst Johannes Paul II. (1920-2005) in Rom. Man hat ihn nicht vergessen. Der Schriftsteller Rolf Hochhuth widmete ihm sein Drama *Der Stellvertreter*, seine Biografie wurde 1991 verfilmt, es gibt eine Maximilian-Kolbe-Stiftung, am Großen Westportal von Westminster Abbey in der britischen Hauptstadt London erinnert eine Statue an ihn. Und in Düsseldorf an der Rochuskirche seine Häftlingsnummer, eingeritzt in den Arm Jesu Christi.

Eva-Maria Bast

So geht's zur Nummer:

Die katholische Kirche St. Rochus befindet sich am Rochusmarkt 5. Die eingeritzte Nummer kann man am linken Arm der Jesusfigur am Turm erkennen. Die Mitnahme eines Fernglases empfiehlt sich.

13

Wall

Wenn der Teufel aufs Rad steigt

Löricks Grundschulkinder lieben diesen merkwürdigen, baumbewachsenen und langgezogenen Wall, der sich in unmittelbarer Nähe ihres Schulgeländes befindet. Die Kurve wendet sich vom Spielplatz ab, sie umschließt die neuentstandene Siedlung hinter dem Spielplatz. Die Kleinen nennen den Wall „Teufelsberg". Die stellvertretende Leiterin des Düsseldorfer Stadtarchivs, Dr. Julia Lederle, hat sich über den Namen gewundert und bei den Kindern mal nachgefragt, wie er denn entstanden sei. „Die einen sagen ganz pragmatisch, weil man sich dort teuflisch gut verstecken kann. Die anderen erzählen die unheimliche Geschichte vom bedrohlichen Unbekannten, der hinter dem Hügel lauert und Böses im Schilde führt. Und noch eine Erklärung wurde mir von Grundschülern geliefert: Wenn man oben auf der Kuppe des Berges herumklettert, obwohl die Eltern es verboten haben, und man dann hinfällt, dann hat der Teufel einen eben zur Strafe geschubst", erzählt sie schmunzelnd.

Julia Lederle hat die Drittklässler der Grundschule auch schon mal bei sich im Stadtarchiv zu Besuch gehabt und ihnen dabei die tatsächlichen Hintergründe des geschichtsträchtigen Hügels erklärt. Denn sie weiß natürlich ganz genau, dass der Wall mit einem Teufel rein gar nichts zu tun hat – außer vielleicht mit einem teuflisch schnellen Radfahrer.

„Es handelt sich um die Überreste der Nordkurve der ehemaligen Radrennbahn Oberkassel", sagt die Stadtarchivarin. „Sie wurde 1907 errichtet, war 400 Meter lang und bot Platz für 15.000 Personen. In den Sommermonaten fanden hier alle zwei bis drei Wochen internationale Rad- und Motorradrennen statt." Zwei Jahre nach der Eröffnung wurde die Stahlstraße, an der die Radrennbahn lag, dann auch in „Sportstraße" umbenannt. „Ihren großen Tag hatte die Radrennbahn am 14. August 1921", erzählt Lederle weiter. „Im großen Preis von Düsseldorf trafen die besten deutschen Radfahrer Lorenz und

Dr. Julia Lederle steht neben dem Wall. Vor einem vermeintlichen Teufel hat sie dabei keine Angst.

Arend auf den Meister der Schweiz, Kaufmann. Vor ausverkauften Rängen siegte der Schweizer mit einem Punkt Vorsprung vor den Deutschen."

Es gibt allerdings auch eine dunkle Stunde in der Geschichte des Veranstaltungsorts – und nun kommt man dem Teufel irgendwie doch bedenklich nahe: Im Februar 1932 hielt Adolf Hitler eine Wahlkampfrede in der Radrennbahn. Gut angekommen ist der spätere „Führer" aber nicht: „Er soll von den kommunistisch gesinnten Arbeitern der umliegenden Stahlwerke ausgebuht worden sein", berichtet Julia Lederle. Damit war – den Erzählungen nach – schon das Ende der Rennbahn eingeläutet: Am 17. Februar 1937 wurde die Rennbahn abgerissen, vermutlich, weil sie baufällig war. „Im Volksmund galt das jedoch als *Hitlers Rache*", berichtet Lederle.

„Er soll von den kommunistisch gesinnten Arbeitern der umliegenden Stahlwerke ausgebuht worden sein."

Das Oval der Erdanschüttungen blieb jedoch noch lange erhalten, im Inneren gab es einen Fußballplatz, der erst in den späten 1980er-Jahren einer Wohnbebauung weichen musste. Das letzte Turnier im Clubhaus SC West fand dort am 2. und 3. Juli 1988 statt.
Heute säumt die ehemalige Nordkurve als letztes Relikt der Bahn die Bebauung und hat eine neue Aufgabe gefunden: ein Teufelsberg zu sein.

Eva-Maria Bast

So geht's zum Wall:

Er befindet sich bei der Grundschule im Ortsteil Lörick an der Wickrather Straße hinter dem Spielplatz.

„Mannesmann-Luftschutz" ist auf den Gittern zu lesen.

14

Stahlgitter

Auf schnellstem Wege in die Sicherheit

Dass es im Stadthaus an der Mühlenstraße in der Mahn- und Gedenkstätte für die Opfer des Nationalsozialismus einen im Original erhaltenen Luftschutzbunker aus dem Zweiten Weltkrieg zu sehen gibt, wissen nicht allzu viele Düsseldorfer. Ein Besuch in den unterirdischen Räumen verschafft einen ungefähren Eindruck davon, wie es war, hier unten mit vielen Dutzenden Menschen zusammengepfercht zu sitzen, während über der Erde der Luftkrieg tobte.

Und noch weniger Menschen wissen, dass es sogar vor dem Stadthaus Hinweise auf den Luftschutzkeller gibt. Doch wer die Stahlgitter vor dem Gebäude genauer betrachtet, der liest auf ihrer breiten Einfassung: *Mannesmann* und *Luftschutz*. „Die allermeisten Menschen erkennen diese Kellergitter, die es überall im Stadtgebiet gibt, nicht als Besonderheit. Sie laufen achtlos darüber, treten sie also mit Füßen, und werfen keinen Blick darauf", sagt die Journalistin und Stadtführerin Anja Kühner. Dabei decken die Gitter mit dem Hinweis noch heute die Lüftungsschächte ab, die einst aus einem Luftschutzraum im Keller hinausführten.

Schon lange bevor der Zweite Weltkrieg ausbrach, bereiteten die Nationalsozialisten Deutschland auf eine militärische Auseinandersetzung vor. Dass ab Mitte der 1930er-Jahre im ganzen Land Räume, Keller und Bunker zum Zweck des Luftschutzes eingerichtet wurden, ist dabei nur ein Mosaikstein unter vielen. Mehrere Meter dicker Stahlbeton kam dabei genauso zum Einsatz wie luftdichte Türen, die Bombendetonationen abfangen und die Menschen im Luftschutzraum vor Splittern, Rauch und Gasen schützen sollten.

„Düsseldorf gehörte zu den Städten, von denen Hermann Göring, der Oberbefehlshaber der Luftwaffe, annahm, dass sie besonders gefährdet sind", erzählt Anja Kühner beim Gang durch die beklemmende Atmosphäre des Stadthauskellers. Mit ihren kriegswichtigen industriellen Anlagen galt die Stadt am Rhein als „Luftschutzort erster Ordnung" und sollte mit Bunkern ausgestattet werden, die die Zivilbevölkerung vor Bomben von bis zu 1.000 Kilo schützen. Damit diese sie im Ernstfall auch fand, waren an den Außenseiten der Luftschutzräume die Buchstaben „LSR" und Richtungspfeile zum Eingang in fluoreszierender Farbe angebracht, sodass das rettende Ziel auch bei Dunkelheit gut zu erkennen war.

„Der Luftschutzkeller im Stadthaus stammt aus dem Jahr 1939", erklärt die Düsseldorf-Kennerin. Mit seinen rund 400 Quadratmetern Grundfläche war er ausgelegt für 200 Menschen, die hier bei Fliegerangriffen der Alliierten Schutz finden konnten. „Die Anzahl der Kubikmeter Luft entschied darüber, wie vielen Menschen Zuflucht gewährt wurde", fügt sie hinzu. Ausnahmen von der Regel gab es keine. „Wenn 40 Menschen erlaubt waren, und ich kam als 41. an, dann ging vor mir die Tür zu. Jede Person mehr hätte alle anderen womöglich das Leben gekostet." Noch heute sind die schlichten Holzbänke zu sehen, auf denen die Menschen damals nach einem Fliegeralarm dicht gedrängt saßen und darauf warteten, dass endlich Entwarnung gegeben würde. Die Frischluftfilter mit ihren Handkurbeln, die massiven Metalltüren und die Gasschleusen legen noch heute eindrücklich Zeugnis davon ab, dass es hier ums Überleben im Ausnahmezustand ging.

Aus den Ausstellungsinformationen im Keller und ihren eigenen Recherchen weiß Anja Kühner, dass es über die Stadt verteilt unterschiedlichste Schutzräume bei Luftangriffen gab. „Mal waren es ausgebaute Privatkeller, mal Hochbunker, die mehrere Stockwerke hoch waren und Platz für Hunderte von Menschen boten", erklärt die Düsseldorferin. Und auch dass es oft ausländische Zwangsarbeiter waren, die dafür sorgen mussten, dass die Überlebenschancen der deutschen Bevölkerung stiegen, hat sie herausgefunden. Den Arbeitern hingegen war es verboten, im Ernstfall in den Luftschutzbunkern Schutz zu suchen, genauso wie Juden und Regimegegnern. „Wer in welchen Bunker zu gehen hatte, war genau geregelt. Dies wurde straßenweise festgelegt und durch Aushänge bekanntgemacht. Es fanden Probealarme und Übungen statt, Erste-Hilfe-Kurse und Fortbildungen zum Luftschutz waren verpflichtend", ist einer der Informationsstelen im Keller des Stadthauses zu entnehmen.

Anja Kühner läuft nicht achtlos an den Stahlgittern vorbei.

Bereits drei Tage nach Kriegsbeginn heulten am 4. September das erste Mal die Sirenen, doch die Düsseldorfer reagierten mehr mit Neugier als mit Angst. Das änderte sich schon im Mai 1940 und sollte bis zum Kriegsende nicht mehr aufhören. Doch noch waren die Düsseldorfer nicht sonderlich gut vorbereitet. Viele Großbunker, Löschteiche und Kellerdurchbrüche entstanden erst während des Krieges. Sie sollten in ständiger Benutzung sein: Im Laufe der Kriegsjahre geriet Düsseldorf ins Visier von neun großen und 234 mittleren und leichten Luftangriffen. Als beispielsweise im November 1944 mehr als 900 britische Bomber über die Stadt flogen und 305 Landminen, 4.050 Sprengbomben, 200 Phosphor- und 150.000 Stabbrandbomben abwarfen, starben 734 Menschen. Als der Krieg am 17. April 1945 in Düsseldorf vorbei war, waren mehr als eine Million Bomben auf die Stadt gefallen, 90 Prozent der öffentlichen Gebäude zerstört und rund 6.000 Menschen während der Luftangriffe ums Leben gekommen.

Ihnen hatten Luftschutzkeller wie der im Stadthaus nichts genutzt. „Jedes Mal, wenn ich so ein Stahlgitter sehe, läuft es mir eiskalt den Rücken hinunter. Dann frage ich mich, wie es wäre, wenn jetzt die Sirene ertönte, um vor einem Luftangriff zu warnen", sagt Anja Kühner. „Wenn ich gerade nicht zuhause gewesen wäre, dann hätte ich damals im Zweiten Weltkrieg in den nächstgelegenen Luftschutzkeller rennen und dort auf hölzernen Bänken dicht eingequetscht mit Fremden bis zum Ende des Angriffs ausharren müssen. Stundenlang. Und jeder hätte Angst gehabt und keiner hätte gewusst, ob wir je wieder heil herauskommen, und wenn ja, was dann über der Erde auf uns warten würde."

Die Journalistin ist froh, dass es sich bei den Stahlgittern um Relikte aus längst vergangenen Zeiten handelt, die zusammen mit dem Luftschutzbunker und der Mahn- und Gedenkstätte dafür sorgen, dass nicht in Vergessenheit gerät, was im Zweiten Weltkrieg in Düsseldorf passiert ist.

Heike Thissen

So geht's zum Stahlgitter:

Zwei Stahlgitter, die auf den Luftschutzkeller hinweisen, befinden sich vor dem Stadthaus in der Mühlenstraße 6. Ein weiteres findet sich an der Kölner Straße 67, Ecke Worringer Platz.

Pater Elias neben dem Kindersarg. Er deutet auf die irreführende Inschrift, die im Boden eingelassen ist.

15

Kindersarg

Doch keine polnische Prinzessin

Pater Elias hat sich schon immer darüber gewundert, dass sich im Mausoleum der Andreaskirche, Grablege des Fürstengeschlechts der Pfalz-Neuburger, ein kleiner Sarg befindet, in dem, so steht es in großen Lettern geschrieben, eine unbekannte polnische Prinzessin ruhen soll. „Ich fand das komisch. Zum einen, weil in diesem Mausoleum eigentlich Jan Wellem und seine Geschwister bestattet sind und eine unbekannte polnische Prinzessin da nicht dazupasst, zum anderen, weil es bei einer adeligen Familie ungewöhnlich ist, dass man den Namen nicht überliefert.“

Warum, fragte sich der Theologe, hätte man den Namen der Prinzessin in der Grabinschrift nicht nennen sollen?

Eine Möglichkeit wäre, dass der Name der Prinzessin im Zweiten Weltkrieg verlorenging. „Das Mausoleum der Andreaskirche wurde von einer Brandbombe getroffen, den Särgen ist jedoch nichts passiert, da sie eingemauert waren." Die Inschriften seien aber nach dem Krieg von Ewald Mataré (1887-1965) neu gefasst worden. „Er hat das ganze Mausoleum neu gestaltet, sich aber an das gehalten, was damals in der Literatur stand", sagt Pater Elias. „Und in der Literatur stand eben: eine unbekannte polnische Prinzessin." Diese polnische Prinzessin müsste, der Größe des Sarges zufolge, noch ganz klein gewesen sein – handelt es sich doch um einen Kindersarg.

Anders als es auf der Platte im Boden geschrieben steht, ruht in dem Sarg keine polnische Prinzessin.

Inzwischen ist klar, dass Pater Elias mit seinen Zweifeln recht hatte: „Hier ruht keineswegs eine unbekannte polnische Prinzessin, sondern ein Bruder Jan Wellems mit dem Vornamen Johann, der nur wenige Stunden nach der Geburt gestorben ist", sagt Pater Elias. „Aber offenbar ist das mit der Zeit in Vergessenheit geraten, so hat sich eine Legende gebildet."

Legenden haben allerdings häufig einen wahren Kern, so auch diese: In dem Mausoleum hat tatsächlich eine polnische Prinzessin ihre letzte Ruhestätte gefunden, aber die liegt dem Kindersarg gegenüber und ist außerdem nicht unbekannt. Es handelt sich um Anna Catharina Constantia von Wasa (1619-1651), die erste Frau von Philipp Wilhelm von Pfalz-Neuburg (1615-1690).

„Nach den im Zeitalter des Barock für fürstliche Personen üblichen Begräbnisriten wurden die Verstorbenen mumifiziert und für einige Zeit aufgebahrt", ist dem Kirchenführer für die Andreaskirche zu entnehmen. „Dann legte man die mit Staatsgewändern bekleideten Toten mit wertvollen Beigaben in hölzerne Särge, die wiederum in Metallsärge aus einer Blei-Zinn-Legierung eingebettet wurden. Auf diesen mit Ausnahme des Sarkophags des Kurfürsten Johann Wilhelm sehr schlicht gestalteten Metallsärgen befinden sich gravierte lateinische Inschriften, die die Namen und Lebensdaten der Verstorbenen nennen. Diese doppelte Einsargung ist noch bei sechs der acht Särge erhalten.“ Bei zweien fehlt sie aber, unter anderem bei ebenjenem Kindersarg. „Man geht davon aus, dass die Franzosen die beiden Metallsärge während der Besatzung Ende des 18. Jahrhunderts geraubt haben“, sagt Pater Elias. „Französische Soldaten haben in der Andreaskirche Särge geöffnet, weil sie hofften, hier irgendwelche Schätze zu finden. Dabei sind die Außensärge verlorengegangen.“ Und damit auch die Information, wer in diesem Sarg ruht.

Dennoch konnte das Rätsel um die polnische Prinzessin letztlich entschlüsselt werden: „2008 wurde in Düsseldorf das große Jan-Wellem-Jahr begangen“, sagt Pater Elias. „Im Jahr davor sind das Mausoleum und auch einige der Särge restauriert worden. Auch der Sarg der polnischen Prinzessin wurde geröntgt und untersucht. Dabei hat man herausgefunden, dass der bestattete Säugling wahrscheinlich ein Junge war. Und eben keine polnische Prinzessin.“ Bei weiteren Untersuchungen habe sich gezeigt, dass es sich um einen Bruder Jan Wellems handelte, der am 2. Februar 1675 geboren und nur wenige Stunden alt wurde.

„Auch der Sarg der polnischen Prinzessin wurde geröntgt und untersucht. Dabei hat man herausgefunden, dass der bestattete Säugling wahrscheinlich ein Junge war. Und eben keine polnische Prinzessin.“

Dass die Grabstätte der Pfalz-Neuburger in der Andreaskirche liegen soll, hatte Philipp Wilhelms Vater Wolfgang Wilhelm (1578-1653) schon entschieden, als er Düsseldorf 1636 zur Residenzstadt auserkor. 1642 hielt er testamentarisch fest, er wünsche in diesem Gotteshaus seine letzte Ruhestätte.

„Seinem Wunsch folgend, ließ sein Sohn und Nachfolger, Pfalzgraf Philipp Wilhelm, um 1651 eine Fürstengruft hinter dem Chor einrichten, in der die in Düsseldorf verstorbenen Angehörigen zunächst beigesetzt wurden", ist dem Kirchenführer zu entnehmen. Und weiter: „Der einzige Sohn des Pfalzgrafen Wolfgang Wilhelm, Erbprinz Philipp Wilhelm, dessen erste Ehe mit der polnischen Prinzessin Anna Catharina Constantia kinderlos geblieben war, wurde in seiner zweiten Ehe mit der Markgräfin Elisabeth Amalia von Hessen-Darmstadt Vater von 17 Kindern. Sechs dieser Kinder erhielten ihre letzte Ruhestätte im Mausoleum von St. Andreas. Es sind früh verstorbene Geschwister des Kurfürsten Johann Wilhelm, deren Särge aus der Gruft in die 1717 erbaute Grabkapelle übertragen wurden. Kurfürst Johann Wilhelm war der letzte, der in diesem nicht völlig fertiggestellten Mausoleum, das ursprünglich eine reichere Ausstattung erhalten sollte, beigesetzt wurde."

Und zu diesen Kindern gehört eben auch der kleine Johann (geboren und gestorben 1675), der lange Zeit für eine polnische Prinzessin gehalten wurde.

Eva-Maria Bast

So geht's zum Kindersarg:

Er befindet sich im Mausoleum der Andreaskirche. Diese steht in der Andreasstraße 27.

Evelin Löffelad ist ein großer Fan der Werke von Joseph Beuys. Deshalb freut sie sich sehr, dass in Düsseldorf eine der Beuys-Eichen steht.

16

Beuys-Eiche

Von Kassel nach Düsseldorf umgezogen

Was hat Joseph Beuys (1921-1986), einer der bedeutendsten Künstler der deutschen Nachkriegszeit, mit der Eiche und der Basalt-Stele zu tun, die neben dem Ministerium für Kinder, Familie, Flüchtlinge und Integration in der Haroldstraße stehen? „Eine ganze Menge!", wie Evelin Löffelad weiß. „Diese Stele ist die einzige ihrer Art in Düsseldorf. Denn eigentlich gehört sie zusammen mit 6.999 anderen nach Kassel. Sie war Teil eines Beitrags von Joseph Beuys zur documenta 7 im Jahr 1982", erklärt die Düsseldorferin, die sich hervorragend mit dem Künstler und seinen Werken auskennt.

7.000 Basaltblöcke ließ Beuys 1982 zunächst auf dem Friedrichsplatz in Kassel mitten in der Stadt ablegen. „Das fanden die Kasseler nicht so lustig", erzählt Evelin Löffelad. Rückblickend ist ihnen das nicht zu verübeln: Wie ein Haufen abgeladener Schutt stapelten sich die Steinblöcke in einem keilförmigen Dreieck übereinander und nahmen einen großen Teil des Platzes ein. Doch sie waren nicht dazu bestimmt, dort liegen zu bleiben. Denn der Künstler nannte sein Projekt „Stadtverwaldung statt Stadtverwaltung" und begann, vor allem in Kassel, aber auch in wenigen anderen Städten, 7.000 Bäume zu pflanzen. Einem jeden von ihnen stellte er eine der Basaltstelen als Partner an die Seite.

Den Anfang machte Joseph Beuys selbst im Jahr 1982 vor dem Museum Fridericianum in Kassel. Den letzten Baum pflanzte sein Sohn Wenzel fünf Jahre später direkt daneben. Zu diesem Zeitpunkt war auf dem Friedrichsplatz keine Stele mehr übrig: Je mehr Bäume gepflanzt und je mehr Basaltblöcke ihnen zur Seite gestellt worden waren, umso kleiner war die Plastik geworden. Joseph Beuys selbst jedoch erlebte die Vollendung seines Werkes nicht mehr, er war bereits am 23. Januar 1986 gestorben. „Die Bäume sind das einzige documenta-Kunstwerk, das an zwei Ausstellungen teilnahm, nämlich 1982 und 1987", erklärt Evelin Löffelad.

Dass er sich mit seinem Kunstprojekt etwas Großes vorgenommen hatte, bei dem nicht nur die praktische, sondern auch die finanzielle Umsetzung schwierig werden würde, war Beuys von Anfang an bewusst – und er tat alles dafür, sein Ziel zu erreichen. Verschiedene Spendenaufrufe, Versteigerungen seiner eigenen und der Werke befreundeter Künstler wie Andy Warhol oder Keith Haring sowie etliche andere Aktionen trugen dazu bei. So konnten beispielsweise Privatleute und Unternehmen, Vereine und Organisationen, die 500 Mark für die Aktion spendeten, sich eine der Stelen abholen und sie zusammen mit einem Bäumchen an einer Stelle ihrer Wahl aufstellen. Am Ende kamen mehr als vier Millionen Mark zusammen, wobei Beuys wohl einen großen Anteil davon aus eigener Tasche beisteuerte. Vor dem Hintergrund, dass für alle Außenkunstwerke der documenta lediglich 150.000 Mark eingeplant waren, war das eine gewaltige Summe, die ausreichen sollte, um die 7.000 Bäume und ihre Stelen aufstellen zu können. Die „Stadtverwaldung" ging damit als eines der teuersten Kunstprojekte jener Zeit in die Geschichte ein.

Wie kommt nun aber einer dieser Bäume samt begleitender Stele nach Düsseldorf neben das Ministeriumsgebäude? „Das verdankt die Stadt dem ehemaligen nordrhein-westfälischen Wirtschaftsminister Dr. Reimut Jochimsen – oder vielmehr seinem 50. Geburtstag. Denn zu seinem Wiegenfest bekam er das Ensemble von Friedel Neuber geschenkt, der damals Vorsitzender der Westdeutschen Landesbank war", hat Evelin Löffelad herausgefunden. Beuys persönlich brachte die Stele aus dem 230 Kilometer entfernten Kassel mit und stellte sie am 25. November 1983 zusammen mit Reimut Jochimsen und Friedel Neuber neben der neu gepflanzten Eiche auf. So stehen sie bis heute einträchtig nebeneinander. Doch während der eine, der lebendige Teil des Kunstwerks, kontinuierlich wächst, bleibt der andere Teil unverändert daneben stehen.

„Dass dieses Ensemble ausgerechnet hier anzutreffen ist, entbehrt nicht einer gewissen Ironie", räumt Evelin Löffelad ein, die ehrenamtlich in der Galerie derselben Kunstakademie arbeitet, an der Beuys gelehrt hat. Schließlich war es das Wissenschaftsministerium, das sich damals im Gebäude nebenan befand, mit dem sich Joseph Beuys nach seiner fristlosen Entlassung von der Kunstakademie 1972 (siehe Geheimnis 38) jahrelang vor Gericht stritt.

„So gesehen kann man den Düsseldorfer Baum und seine Stele auch als ein Zeichen der Versöhnung betrachten", sagt Evelin Löffelad. Schade, dass kaum jemand das Ensemble beachtet – wo es doch ein Siebentausendstel eines der bedeutendsten Kunstwerke des ausgehenden 20. Jahrhunderts ist!

Heike Thissen

So geht's zur Beuys-Eiche:

Baum und Basalt-Stele stehen auf der Grünfläche neben dem Ministerium für Kinder, Familie, Flüchtlinge und Integration in der Haroldstraße 4.

FAMILIE
ROB. ZAPP.
Herta Zapp
geb. von Tiedemann
geb. 6. März 1916
gest. 21. April 2002
Erik Zapp
geb. 2. Sept. 1953
gest. 3. Sept. 1953

17

Grabsymbolik

Mohn für den ewigen Schlaf

Blumen an einem Grab sind nichts Ungewöhnliches, wenn sie auch meist in frischer und nicht in steinerner Form vorzufinden sind. Welche Blumen die letzte Ruhestätte zieren, ist ganz unterschiedlich, oft sind es die Lieblingsblumen des Verstorbenen. Manchmal finden sich auf Gräbern auch Mohnblumen – und sie haben eine ganz besondere Geschichte:
Im Ersten Weltkrieg (1914-1918) blühten rote Mohnblumen auf den Grabhügeln in Flandern, unter denen britische Gefallene bestattet waren. Daraufhin schrieb der kanadische Offizier John McCrae 1915 ein Gedicht für seinen besten Freund Alexis Helmer, in dem er diese Blütenpracht unter den Kreuzen beschreibt. *In Flandern's Fields* heißt das Gedicht, das von den blutgetränkten Schlachtfeldern erzählt.

Anlässlich des 100. Jahrestages des Kriegsendes trugen zahlreiche Engländer rote Mohnblumen als Broschen oder Anstecknadeln – sie gelten nun in England auch als Symbol für den Frieden. Weil die roten Mohnblumen die ersten Lebenszeichen waren, die sich wieder auf den Schlachtfeldern zeigten, stehen sie auch für wiedererwachendes Leben. Auf dem Grab auf dem Millionenhügel des Nordfriedhofs haben sie aber eine umgekehrte Bedeutung – und es sind auch keine zarten Mohnblüten, sondern steinerne Mohnkapseln.

Stefan Süß, der Leiter des Nordfriedhofs, kennt sich gut mit der christlichen Symbolik aus, er sagt: „Mohnkapseln sind ein Symbol für den ewigen Schlaf." Ohnehin sei dieses Grab voller Symbolik. Süß macht auch auf den Schmetterling aufmerksam, der unterhalb der Schlangen dargestellt ist. „Er ist ein Zeichen für die vollkommene Metamorphose vom Ei über die Raupe zum Schmetterling." Die Abbildung solle klarmachen, „dass der Mensch in dieser Welt nicht nur Mensch ist, sondern sich immer verändert". In *Knaurs Lexikon der Symbole* ist dazu zu lesen: „Das Wunder der ineinander übergehenden

Stefan Süß erklärt die tiefe Symbolik der Abbildungen auf diesem Grab.

Erscheinungszustände, dieses Wunder der Verwandlung von träger Raupe, dumpfer Larve, in den zartschönen Schmetterling hat den Menschen tief angerührt, ist ihm zum Gleichnis eigener seelischer Wandlung geworden, hat ihm die Hoffnung geschenkt, einst aus der Erdverhaftetheit ins Licht ewiger Lüfte zu steigen' (E. Aeppli). Aus diesem Grund wird der Schmetterling auch auf alten Grabsteinen dargestellt."
Ein besonders spannendes Symbol ist für Stefan Süß auch das der nach unten gerichteten Fackel. Er erklärt: „Eine Fackel, die nach unten gerichtet ist, kann nicht brennen und erlischt. Sie ist ein Zeichen für das Erlöschen des Lebenslichtes."

Wenn dieses Symbol auch nicht auf dem Grab zu finden ist, so kannte sich der Mensch, der hier bestattet ist – oder vielmehr der Bildhauer, der den Grabschmuck geschaffen hat –, doch gut mit der Symbolik aus. „Das war die Familie Zapp, ein bekannter Düsseldorfer Name", sagt Süß. „Die Familie war in der Stahlproduktion tätig." Ihre Geschichte reicht bis zum Anfang des 18. Jahrhunderts zurück, als Hermann Zapp in Ründeroth begann, Stahl herzustellen. Über fünf Generationen traten die Zapps in die Fußstapfen des Firmengründers, 1869 geriet das Unternehmen allerdings in Schwierigkeiten und musste verkauft werden. Doch schon zwei Jahre später, 1871, im Jahr der Deutschen Reichsgründung, lebte es wieder auf: Robert Zapp (1837-1917) gründete in Düsseldorf die Stahlhandelsgesellschaft Zapp, die später weltweit tätig war und sich dabei auf Spezialstähle konzentrierte. Dadurch ist Robert Zapp viel in der Welt herumgekommen. Seine letzte Ruhestätte fand er aber in jener Stadt, die zum Stammsitz seiner Familie wurde: Düsseldorf.

Eva-Maria Bast

So geht's zur Grabsymbolik:

Sie befindet sich am Grab der Familie Zapp auf dem Millionenhügel des Düsseldorfer Nordfriedhofs, Feld 62, Am Nordfriedhof 1.

Peter Stegt kann erklären, warum im Wald bei Gerresheim mitten im Hang eine Betonmauer steht.

18

Mauer

Zum Schutz des wichtigsten Denkmals der Stadt

Von allen Seiten mit Graffiti besprüht, steht mitten im bewaldeten Hang am Peckhausweg in Gerresheim eine Betonmauer. Nicht ganz zwei Meter ist sie hoch, einen knappen Meter breit und drei Meter lang, ein Klotz, der aus dem lehmigen Waldboden ragt. Was sie hier zu suchen hat, versteht nur, wer mit einem Heimatkenner wie Peter Stegt unterwegs ist. Er kennt Gerresheim wie seine Westentasche und weiß auch, was es mit der mysteriösen Betonmauer im Grünen auf sich hat.

„Die Mauer schützte im Zweiten Weltkrieg den Eingang zu einem Bunkerstollen, der dahinter in den Hang gegraben worden war", erzählt der Lehrer und Autor. Doch es war nicht irgendein Versteck, das sie vor den Augen der Öffentlichkeit verbarg. Der Erdboden war hier in den Kriegsjahren einzig und allein deswegen ausgehöhlt worden, um in dem Stollen das wichtigste Denkmal der Stadt vor den

Luftangriffen der Alliierten zu schützen. „Das berühmte Reiterstandbild des Jan Wellem blieb bis 1944 vor dem Düsseldorfer Rathaus stehen, dann wuchs die Angst, dass die Luftangriffe es beschädigen oder zerstören könnten. Also wurde es am 17. November in einem Holzverschlag auf einen Tieflader gestellt und hier am Peckhausweg eingemottet, bis der Krieg vorüber war", erklärt Peter Stegt.

Dass die Düsseldorfer keine Kosten und Mühen scheuten, um das acht Tonnen schwere Reiterstandbild von Jan Wellem (1658-1716) zu schützen, hat einen guten Grund. Als es seine Reise in den knapp sieben Kilometer Luftlinie entfernten Wald antrat, war es bereits mehr als 230 Jahre alt. Johann Wilhelm von der Pfalz, Pfalzgraf von Neuburg und Herzog von Jülich-Berg, den die Düsseldorfer schlicht „Jan Wellem" nennen, hatte es von einem seiner zahlreichen Hofkünstler, dem flandrischen Bildhauer Gabriel de Grupello (1644-1730) erstellen lassen. Es dauerte acht Jahre, bis der Bronzeguss nach dem Vorbild des Standbildes von Marc Aurel (121-180) auf dem römischen Kapitol fertiggestellt war. Von da an konnte der Kurfürst sich selbst in voller Rüstung mit Kurhut, Ordenskette und Marschallstab auf einem trabenden Pferd betrachten – und seine Untertanen konnten bewundernd zu ihm aufblicken.

Wellem, der in Düsseldorf geboren wurde und auch dort starb, regierte ab 1679 von seiner Heimatstadt aus seine stark zersplitterten Territorien. Sie dehnten sich vom Bayerischen Wald bis an die Grenze zu Frankreich aus, von der Donau bis in die Eifel und an die Ruhr. Obwohl er einen barocken Lebensstil nach dem Vorbild des französischen Sonnenkönigs Ludwig XIV. (1638-1715) pflegte, ist er den Düsseldorfern als volksnaher Herrscher in Erinnerung geblieben. Historiker hingegen sprechen von einem immer wieder scheiternden und vor allem sich selbst überschätzenden Machtpolitiker, der unter anderem das Ziel verfolgte, Düsseldorf um das Vierfache zu vergrößern. Berührungspunkte zwischen ihm und seinem Volk dürfte es nur wenige gegeben haben.

Erst im 19. Jahrhundert begannen die Düsseldorfer mit der Verklärung ihres Fürsten, haben die Geschichtswissenschaftler herausgefunden. Sie half demnach, das Gefühl einer regionalen Identität zu nähren, das als Abgrenzung gegen die Preußen in jenen Jahren bitter nötig war. Und auch seinen sympathischen Spitznamen erhielt der Kurfürst erst, als er bereits 100 Jahre tot war.

Zu diesem Zeitpunkt war das Reiterstandbild, das heute als eines der wichtigsten nördlich der Alpen gilt, bereits zweimal knapp dem Abriss entgangen: Erst sollte es unmittelbar nach Jan Wellems Tod 1716 abgebaut werden, 79 Jahre später wollten es französische Revolutionstruppen abtransportieren. Doch damit nicht genug: In den 1920er-Jahren gab es den Plan, es einzuschmelzen – die Zeiten waren schlecht und acht Tonnen Bronze unvorstellbar wertvoll. Und dann schließlich folgten der Zweite Weltkrieg und der Ausflug in den Stollen bei Gerresheim. „Das Standbild war gar nicht lange hier, nur wenige Monate. Denn schon kurz nach Kriegsende wurde es 1945 unter großem Jubel der Bevölkerung zurück auf den Rathausplatz gebracht. Das war wie ein Triumphzug", erklärt Peter Stegt. Für viele Düsseldorfer war die Rückkehr ihres Jan Wellem das untrügliche Zeichen dafür, dass der Krieg vorüber war und jetzt wieder bessere Zeiten anbrachen.

„Das Standbild war gar nicht lange hier, nur wenige Monate. Denn schon kurz nach Kriegsende wurde es 1945 unter großem Jubel der Bevölkerung zurück auf den Rathausplatz gebracht."

Das Standbild hatte dank der Fürsorge der Düsseldorfer die Monate im Stollen gut überstanden, ihm ist sein Ausflug nicht mehr anzusehen. Und auch vom Stollen im Hang ist nichts geblieben. Aber die Mauer, die einen Sichtschutz für seinen Eingang bildete, die steht noch heute.

Heike Thissen

So geht's zur Mauer:

Die Betonmauer, die den Eingang zum Stollen schützte, steht in einem Waldstück am Peckhausweg mehrere Meter oberhalb der Straße im Hang.

DONT TOUCH MY SOUL WITH DIRTY HANDS

Strichfiguren

Graffitis von künstlerischem Wert

Viele Düsseldorfer haben sich bereits so sehr an die Fassadenschmierereien in ihrer Stadt gewöhnt, dass sie ihnen gar keine Beachtung mehr schenken. Bei Katja Stolarow ist das anders. Die Kunsthistorikerin achtet ganz genau darauf, wo neue Graffitis entstehen, und hält inne, wo andere hastig vorbeieilen. Hin und wieder entdeckt sie dann ein ihr vertrautes Motiv: schwarze Strichfiguren. Vor allem unter der Rheinkniebrücke vor Roncallis Apollo Varieté Theater ist sie vielfach fündig geworden. Die Figuren, mit einfachen Strichen auf dem Beton umrissen, stammen vom Künstler Harald Naegeli, der auch als „Sprayer von Zürich" bekannt geworden ist.

„Für viele Menschen ist das im besten Falle Kritzelei, für andere böswillige Sachbeschädigung. Für mich sind das zauberhafte Wesen, die mich für einen kurzen Moment aus meinem Alltag entfliehen lassen", sagt Katja Stolarow. Sie interessiere sich für die meist über Nacht geschehene Veränderung des öffentlichen Raumes. „Daher finde ich Naegelis Werke faszinierend, weil diese naiven Zeichnungen von einem politisch denkenden Künstler stammen, der damit die Stadt mitgestalten will."

Hier, unweit des nordrhein-westfälischen Landtags, sind es vor allem stilisierte Frauenkörper, mit denen Naegeli Betonpfeiler und -wände verziert hat. „Meine Lieblingszeichen sind allerdings die ‚Düsseldorfer Flamingos'". Die pinken Vögel verzieren die ein oder andere graue Hauswand, „sie wirken für mich irgendwie ironisch. Ich kann gar nicht anders, als zu lächeln." Naegeli bringt seine Figuren mit wenigen Handbewegungen binnen Sekunden an. „Das muss man sich mal vorstellen, immerhin ist Naegeli inzwischen ein betagter Mann. Aber mit seinen mehr als 70 Jahren geht er noch immer nachts hinaus in die Stadt und besprüht in der Dunkelheit die Wände. Vielleicht kann

Katja Stolarow entdeckt in Düsseldorf immer wieder Naegeli-Graffiti. Unter der Rheinkniebrücke ist sie vielfach fündig geworden.

man ihn als Punk im besten Sinne bezeichnen, als einen, der nicht aufhört, etwas zu sagen", überlegt die Kunsthistorikerin.

Harald Oskar Naegeli kam 1939 in Zürich zur Welt und besuchte erst die Kunstgewerbeschule in Zürich, dann die École des Beaux-Arts in Paris, die älteste und berühmteste Schule für bildende Künste in Frankreich. Ende der 1970er-Jahre wurde er als „Sprayer von Zürich" weltweit bekannt, weil er mit illegalen Zeichnungen den öffentlichen Raum der Bankenstadt besprühte. Sein Motiv? Gegen das monotone Bild der Schweizer Metropole protestieren! Immer auf die Situation bezogen, kritisierte Naegeli mit der Platzierung seiner Figuren den Vormarsch des Betons in seinem Geburtsort. Während Künstler und Intellektuelle die Arbeit des anonymen Sprayers lobten, war er den Zürcher Behörden ein Dorn im Auge, so sehr, dass sie sogar ein Kopfgeld auf seine Ergreifung aussetzten. Einem Zufall verdankten sie es, dass er 1979 tatsächlich von einem Zivilpolizisten überführt wurde.

Doch seiner Strafe wegen wiederholter Sachbeschädigung, die sich auf eine hohe Geldstrafe und mehrere Monate Haft belief, entzog er sich, indem er nach Deutschland floh. Von vielen namhaften Zeitgenossen bekam er Unterstützung, darunter auch vom ehemaligen Bundeskanzler Willy Brandt (1913-1992) und Kunstprofessor Joseph Beuys (siehe Geheimnis 38). Erst mit einem internationalen Haftbefehl klickten am 28. August 1983 schließlich doch die Handschellen. Naegeli wurde an die Schweiz ausgeliefert, wo er sechs Monate seiner Strafe absaß. Kaum entlassen, zog er nach Düsseldorf – und sprayte weiter.

Auch ohne Signatur lassen sich die Strichfiguren eindeutig Naegeli zuordnen.

„Weil zur selben Zeit in Amerika die Graffiti-Kultur entstand, hieß es damals, Naegeli sei der erste Graffiti-Künstler in Deutschland oder sogar Europa gewesen. Aber ich würde seine Werke eher als *Street Art* bezeichnen", sagt Katja Stolarow.

Naegeli selbst versteht sich als „geborenen Linienmenschen". Als er erst in Zürich und später in vielen westdeutschen Städten und ganz Europa mit dem Sprayen begann, gab es so etwas wie figürliche oder bildhafte Graffiti kaum. Das hat sich zwischenzeitlich geändert. Doch anders als jüngere Graffitisprayer, die eine Mauer als Leinwand nutzen und unter Einsatz von viel Farbe eine möglichst große Fläche besprühen, besinnt sich Naegeli auf die Felsmalerei und darauf, dass seine Figuren immer an den Ort gebunden sind, an dem sie entstehen. „Kollektive Volkskunst" nennt er seine stilisierten Männer, Frauen, Tiere und Pflanzen, die er stets ohne Hinweis auf sich selbst hinterlässt. Einem veränderten Kunstbewusstsein verdankt er es, dass er und seine Werke inzwischen hoch gehandelt werden.

„Wenn man sie genau betrachtet, sind sie ein witziger Kommentar auf ihre unmittelbare Umgebung."

„Seine Strichfiguren wie die unterhalb der Rheinkniebrücke wirken auf mich wie Gespenster in einer Parallelwelt. Häufig nimmt man sie überhaupt erst auf den zweiten Blick wahr, weil sie oft sehr unauffällig sind und nur aus einfachen Strichen bestehen. Aber wenn man sie genau betrachtet, sind sie ein witziger Kommentar auf ihre unmittelbare Umgebung", sagt Katja Stolarow. Sie hält weiterhin Ausschau nach neuen Werken, wenn sie mit dem Fahrrad in der Stadt unterwegs ist.

Heike Thissen

So geht's zu den Strichfiguren:

Harald Naegelis Werke sind in ganz Düsseldorf zu sehen. Mehrere davon befinden sich unter der Rheinkniebrücke vor Roncallis Apollo Varieté Theater, Apolloplatz 1.

20

Laterne

Aus der Not eine Grube gemacht

„Schauen Sie sich mal die Bäume an", sagt die stellvertretende Leiterin des Stadtarchivs Dr. Julia Lederle und deutet auf zwei schlanke, hohe Birken. „Fällt Ihnen etwas auf?"

Zunächst scheint nichts merkwürdig, doch je näher man den Bäumen kommt, desto deutlicher wird: Direkt neben der Birke befindet sich eine sehr hohe, sehr alte Laterne, die man kaum bemerkt, weil sie sich so gut ins Bild fügt, dass es fast schon so wirkt, als würde sie zu den Bäumen dazugehören. Julia Lederle findet diese Symbiose von Ding und Natur faszinierend, das Historikerinnenherz schlägt aber vor allem deshalb so begeistert für ebenjene alten Laternen – es gibt auf dem Gelände noch mehrere –, weil sich an ihnen ein wichtiges Stück Geschichte dieses Ortes erzählen lässt.

„Das sind die letzten Überbleibsel der ‚Cementplattenfabrik Reinartz'. Der Name der Fabrik schrieb sich später im 20. Jahrhundert auch Reinarz", klärt sie auf. „Sie wurde im Jahr 1874 von den Brüdern Wilhelm und Heinrich Reinartz direkt neben ihrem Heerdter Hof gegründet." Die Felder des landwirtschaftlichen Betriebs seien für die Tierhaltung oder den Anbau von Lebensmitteln denkbar ungeeignet gewesen, denn sie waren durch häufige Überschwemmungen stark versandet. Doch die findigen Brüder wussten sich zu helfen – eben mit der Gründung ihrer Cementplattenfabrik. „Auf ihren Feldern betrieben sie fortan systematisch Rohstoffgewinnung zur Herstellung von Produkten wie Bürgersteigplatten und Großrohre", erklärt Lederle. Denn wenn auch kein Gemüse gedeihen wollte, Kies gab es auf – oder besser gesagt: unter – den Feldern in Hülle und Fülle, zumindest bis ins Jahr 1974, dann war buchstäblich *Ende Gelände*.

„Auf ihren Feldern betrieben sie fortan systematisch Rohstoffgewinnung zur Herstellung von Produkten wie Bürgersteigplatten und Großrohre."

Dr. Julia Lederle blickt an der hohen Laterne empor.

„Was blieb, war ein Baggerloch, dessen Verfüllung die Heerdter Anglerfreunde verhinderten, um den Albertussee anzulegen, der nach Albert Scheele, dem letzten Direktor der Zementplattenfabrik, benannt wurde", erzählt die Stadtarchivarin von einem weiteren Überbleibsel der industriellen Nutzung des heutigen Parks. Allerdings wurden nicht alle Felder zu Parkanlagen umgenutzt: „Das ehemalige Fabrikgelände hat man teilweise neu bebaut", sagt Julia Lederle. Der Park, in dem heute Birken mit Laternen eine Symbiose eingehen, wurde 1990 im Zuge einer Renaturierung geschaffen. „Dieser fielen die alten Werkstraßenlaternen erstaunlicherweise nicht zum Opfer", freut sich Julia Lederle. Einigen von ihnen ging es aber Pfingsten 2014 an den Kragen: „Orkan Ela brachte mit zahlreichen Bäumen auch einige dieser elektrischen Relikte zu Fall", sagt die Historikerin. „Deshalb kann man die Laternen, die übrigens schon lange nicht mehr leuchten, heute nur noch an einer Hand abzählen."

„Orkan Ela bracht mit zahlreichen Bäumen auch einige dieser elektrischen Relikte zu Fall."

Eva-Maria Bast

So geht's zur Laterne:

Sie steht mitten in der Grünfläche am Albertussee im Heerdterhof-Garten.

Vier Säulen, verbunden durch einen Holzbalken, stehen vor der Musikhochschule am Rand des Golzheimer Friedhofs. Warum nur?

21

Natursteinsäulen

Von der Geschichte des Gartenamts

Sie sind so unscheinbar, dass die meisten Besucher des Golzheimer Friedhofs sie einfach übersehen. Und auch die wenigsten der Musikstudenten, die in den Gebäuden der Robert-Schuhmann-Hochschule ein und aus gehen, widmen den vier Säulen einen Blick. Warum auch? Sie stehen ohne jeden Zusammenhang am nördlichen Ende des Friedhofs vor einem der Hochschulgebäude zwischen Fischerstraße und Emmericher Straße und scheinen dort nur zufällig hingeraten zu sein – vier runde Natursteinsäulen, oben miteinander verbunden durch zwei Holzbalken.

Aber Tobias Lauterbach, der sich im Düsseldorfer Garten-, Friedhofs- und Forstamt um die Gartendenkmalpflege kümmert, hat die Säulenformation sehr wohl wahrgenommen. „Ich fand das immer merkwürdig, dass sie ausgerechnet *dort* stehen. Die ergeben da ja überhaupt keinen Sinn", sagt er. Also begann er, dem Geheimnis der Säulen auf den Grund zu gehen, und fand die Antwort auf seine Frage nach ihrer Herkunft bei seinem eigenen Arbeitgeber.

„Diese vier heruntergekommenen Säulen sind zusammen mit den verwitterten Treppenstufen, die zu ihnen führen, der letzte Rest eines Gebäudes, in dem sich einst das Gartenbauamt befand", erklärt der Ingenieur. Es war der erste Direktor der Behörde, Walter von Engelhardt (1864-1940), der nicht nur den Grundstein für die Säulen, sondern auch für das Amt legte, das in Düsseldorf seit mehr als 100 Jahren eine ganz entscheidende Rolle spielt, wenn es darum geht, das Gesicht der Stadt zu formen. Am 14. März 1905 ins Amt berufen, begann der Baron baltischer Herkunft das Stadtgrün am Rhein grundlegend zu überarbeiten. Claus Lange, ehemaliger Gartendenkmalpfleger der Stadt und damit der Vorgänger von Tobias Lauterbach, schreibt in einem Porträt über Walter von Engelhardt: „Die Parkanlagen und Stadtplätze, bislang als Schmuckanlagen nach rein dekorativen Kriterien angelegt, wurden unter dem neuen Gartendirektor benutzbare Grünanlagen mit Sitzbereichen und Flächen für das Kinderspiel." Engelhardt, da ist er sich sicher, läutete für das Stadtgrün den Beginn der Moderne und des Sozialen Grüns ein – so, wie es die Düsseldorfer noch heute kennen und zu schätzen wissen. Denn in seinen Entwürfen berücksichtigte der Direktor nicht nur die körperlichen Bedürfnisse der Nutzer nach Bewegung und frischer Luft, sondern auch die seelisch-geistigen Ansprüche der Spaziergänger.

Tobias Lauterbach kennt sich mit den Säulen gut aus.

In den 25 Jahren, in denen der Baron als Gartendirektor am Rhein im Einsatz war, prägte er die Stadt mit etlichen Parkanlagen und Grünplätzen. „Auf ihn gehen neben dem Rheinpark, dem Hansaplatz und dem Klever Platz zum Beispiel auch das Kö-Gärtchen oder das Rheingärtchen zurück", ordnet Lauterbach dessen Bedeutung ein. Einen adäquaten Arbeitsplatz für das Erstellen seiner Entwürfe stellte ihm die Stadt zur Verfügung. Und hier kommen die Säulen vor der Musikhochschule ins Spiel. In den Jahren

1912 und 1913 war der Architekt Thilo Schneider für den Bau des ersten Dienstsitzes des Gartenamtes an der heutigen Fischerstraße zuständig. Die beiden oberen Geschosse und den umgebenden Garten konnte von Engelhardt privat nutzen. 1949 wurde dann ein weiteres Dienstgebäude weiter südlich im Garten und damit an der heutigen Kante zum Golzheimer Friedhof errichtet.

Die so genannte „Villa Engelhardt“ steht noch immer und ist inzwischen in die Musikhochschule integriert, deren Verwaltung sie beherbergt. Der Erweiterungsbau jedoch wurde im Jahr 1960 mit dem Umzug des Amtes an den heutigen Standort am Nordpark überflüssig. In den 1980er-Jahren musste er dann den Gebäuden der Hochschule Platz machen. „Kurioserweise wurden aber die Säulen und die Treppenstufen stehen gelassen, obwohl sie keinerlei Verbindung mit den restlichen Gebäuden eingehen“, sagt Tobias Lauterbach. „Und noch etwas erinnert an dieser Stelle an das ehemalige Gebäude des Gartenamtes, nämlich der Ginkgo neben den Säulen. Dieser wurde neben das Eingangsportal gepflanzt. Früher standen dort allerdings zwei Bäume dieser Art, doch einer wurde beim Orkan Ela 2014 umgerissen.“

Der Gartendenkmalpfleger fasst zusammen: „Für uns vom Gartenamt beginnt unsere Geschichte im Jahr 1906 mit Engelhardt. Seit jener Zeit gab es nur zwei Standorte, nämlich den am Nordende des Golzheimer Friedhofs und den, an dem wir heute unserer Arbeit nachgehen.“ Andere mögen die vier Säulen ignorieren. Ihn erinnern sie an die mehr als 100 Jahre Geschichte des Düsseldorfer Gartenamtes.

Heike Thissen

So geht's zu den Natursteinsäulen:

Die vier Säulen stehen am nördlichen Ende des Golzheimer Friedhofs vor der Musikhochschule zwischen Fischerstraße und Emmericher Straße.

22

Bügelverschluss

Wo der Künstler gerne einkehrt

Manchmal stecken die interessantesten Geschichten in den unscheinbarsten Details. Diese Erfahrung macht auch Thomas Bernhardt immer wieder. Der Gründer der *Geschichtswerkstatt Düsseldorf* hat schon so manche überraschende Anekdote zu Tage gefördert, weil er bei seinen Recherchen nicht nur auf das große Ganze, sondern auch auf Kleinigkeiten achtet. So kommt es, dass er über das viel besprochene und oft beschriebene Denkmal des Stadterhebungsmonuments am Burgplatz viel mehr erzählen kann als dem Betrachter auf den ersten Blick auffällt. Besonders angetan haben es ihm dabei die Flaschen mit Bügelverschluss, die der Bildhauer Gert Gerresheim (geb. 1935) am rechten Ende des imposanten Bronzedenkmals versteckt hat.

„Im 13. Jahrhundert, in dem alle Ereignisse in dem Kunstwerk spielen, gab es natürlich noch keine Bügelverschlüsse", schmunzelt Thomas Bernhardt. Dass sie dennoch in dem Monument auftauchten, sei ein Augenzwinkern des Künstlers, der damit einen Verweis auf seine Lieblingskneipe in der Düsseldorfer Altstadt, das Uerige, hinterlassen hat. Denn die traditionsreiche Gaststätte mit eigener Brauerei verkauft ihr legendäres Düsseldorfer Alt in Glasflaschen mit Bügelverschluss.

Doch selbstverständlich ist die Sache mit dem Uerigen nicht die einzige Botschaft, die in dem 1,5 Meter hohen und 7,5 Meter langen Bilderbogen der Stadtgeschichte zu entdecken ist. Der Heimatverein *Düsseldorfer Jonges* hat es 1988 errichten lassen. Damals jährte sich zum 700. Mal, dass Graf Adolf von Berg (gest. 1296) den Düsseldorfern das Stadtrecht verlieh.

Das sogenannte *Ereignisbild* besteht aus insgesamt 485 Einzelteilen. „Dieses Denkmal ist aus drei Teilen zusammengesetzt und man muss es lesen wie eine Geschichte", erklärt der passionierte Heimatkenner Bernhardt. Denn in Bronze sind das Kriegsgeschehen der

Was haben zwei Flaschen mit Bügelverschluss im Stadterhebungsmonument verloren? Gar nichts – rein historisch betrachtet!

Schlacht von Worringen im Jahr 1288 dargestellt sowie die Besiegelung der Stadterhebungsurkunde und die Geschichte der Pfarrkirche St. Lambertus.

„Wenn man den Teil, der sich mit der Schlacht von Worringen befasst, genau betrachtet, erkennt man schnell, dass Gerresheim hier den ganzen Wahnsinn einer sehr blutigen Ritterschlacht auf deutschem Boden dargestellt hat", beginnt Thomas Bernhardt auf die Details einzugehen. Das Kampfgeschehen stellt der Bildhauer anhand von Attrappen von Kampfgeräten, leeren Helm- und Brustpanzerhüllen dar. Der Tod ist allgegenwärtig: Die vier apokalyptischen Reiter preschen ins Bild und ein verhülltes Skelett erscheint oberhalb der Trommeln. Der Eindruck einer menschenleeren und seelenlosen Kriegsmaschinerie ist beklemmend und kommt dem, was vor mehr als 700 Jahren im knapp 30 Kilometer entfernten Worringen stattfand, ziemlich nahe, wie der Heimatforscher schildert: „Das war die Entscheidungsschlacht zwischen zwei gewaltigen Ritterheeren. Das eine unterstand dem Kölner Erzbischof Siegfried von Westerburg und dem Grafen Rainald von Geldern, das andere wurde befehligt von Johann I., dem Herzog von Brabant, und dem Grafen Adolf von Berg."

Seit 1988 erzählt das Kunstwerk von Gert Gerresheim wichtige Szenen aus der Düsseldorfer Stadtgeschichte.

Dass es überhaupt so weit gekommen war, hatte drei Ursachen. Die erste war die Rivalität zwischen dem Erzbischof und Adolf von Berg, der 1274 lieber seinen Bruder anstelle von Siegfried von Westerburg auf dem Bischofssitz gesehen hätte. Die zweite war der Erbfolgekrieg um Limburg, ein typisch mittelalterlicher Konflikt, wie sie zu Dutzenden entstanden, wenn in einer Dynastie die männliche Linie ausstirbt und nicht feststeht, wie es danach weitergeht. Das war in Limburg der Fall gewesen, nachdem Herzog Walram IV. (1247-1279) 1279 ohne männlichen

Erben gestorben war und die Herrschaft an seine Tochter Irmgard (gest. 1283) gefallen war. Weil sie als Frau jedoch nicht regieren durfte, übernahm dieses Amt ihr Ehemann, Reinald I., Graf von Geldern (um 1255-1326). Zwar war eigentlich festgelegt worden, dass er auch dann Herzog von Limburg bleiben sollte, wenn seine Gattin vor ihm sterben würde. Doch als dieser Fall 1283 tatsächlich eintrat, machten auch weitere Erbberechtigte ihre Ansprüche geltend. „Und dann spielte noch eine Rolle, dass die Kölner Bürger an der Seite der Bergischen gegen ihren Erzbischof kämpften, weil sie ihre städtische Freiheit bewahren und sich von den Einschränkungen des Marktes und den Zöllen befreien wollten, die die Kirche ihnen auferlegt hatte. Zwei Jahrhunderte zogen sich diese Streitigkeiten hin", erklärt Thomas Bernhardt.

„Und dann spielte noch eine Rolle, dass die Kölner Bürger an der Seite der Bergischen gegen ihren Erzbischof kämpften."

Ziel der Kampfhandlungen fünf Jahre später war nicht in erster Linie, den Gegner zu töten, sondern ihn gefangen zu nehmen und Lösegelder für ihn zu erpressen. „Trotzdem sind am 5. Juni 1288 ganze Generationen von Familien umgekommen. Und weil viele Leichen von den Pferdehufen, die über sie drübergaloppiert waren, bis zur Unkenntlichkeit verstümmelt waren und später die Bevölkerung die Toten auf der Suche nach Wertvollem oder Brauchbarem fledderte, konnte man die Menschen kaum identifizieren." Aktuellen Schätzungen von Historikern zufolge waren insgesamt wohl rund 10.000 Kämpfer an der Schlacht beteiligt, von denen 1.100 auf dem Schlachtfeld starben und 700 weitere später ihren Verletzungen erlagen.

Im mittleren Teil des Denkmals zeigt die Plastik, wie der siegreiche Graf Adolf V. und seine Frau Elisabeth von Geldern (gest. 1315) ihre Siegel auf die Erhebungsurkunde legen. „Er war als einer der Sieger aus der blutigen Schlacht hervorgegangen und errichtete sich mit Düsseldorf einen strategisch wichtigen und befestigten Stützpunkt am Rhein und an der Grenze seines bisherigen Machtgebietes, indem er das Stadtrecht mit wichtigen Privilegien verlieh. Allerdings hat Gerresheim nur die Hände von beiden dargestellt", erklärt Thomas Bernhardt das Monument weiter. Darunter sind stilisierte Stadtpläne zu erkennen, die das Wachsen der Stadt symbolisieren sollen. Denn von diesem historischen Moment an war die bürgerliche und städtische Entwicklung für das „Dorf an der Düssel" überhaupt erst möglich.

„Und nun kommen wir zu den Bügelverschlüssen", sagt der Düsseldorfer und tritt nah an das Kunstwerk heran. „Im dritten Teil geht es um das politische, wirtschaftliche und kirchliche Aufblühen der Stadt. Deshalb sieht man hier unter anderem allerlei Handwerksprodukte und landwirtschaftliche Erzeugnisse", interpretiert er das Dargestellte. Fisch, Kartoffeln, Äpfel, Birnen – und zwei Flaschen mit Bügelverschluss sind zu entdecken. Hinter dem Verweis auf das Uerige und den Marktprodukten zeigt die Collage schließlich noch die Erhebung der Pfarrkirche St. Lambertus zum Kanonikatsstift und Papst Paul VI. (1897-1978), der sie 1974 zur „Basilika Minor" erhob. Das Relief endet mit der Szene, wie ein Mönch die Reliquien des Stadtpatrons Apollinaris trägt. Dieser Schrein wird immer vor der größten Kirmes am Rhein in den Straßen gezeigt.

„Im dritten Teil geht es um das politische, wirtschaftliche und kirchliche Aufblühen der Stadt."

Es würde Stunden dauern, jedes einzelne Detail zu betrachten, das Gerresheim an Bildern, Szenen, Zitaten, Symbolen und Anspielungen in das Kunstwerk eingebaut hat. „Er macht sich sehr viele Gedanken über die Historie. Und er baut manche Details mit Witz in seine Werke ein", sagt Bernhardt. Dazu gehört auch, einen Hinweis darauf zu hinterlassen, wo er gern sein Alt trinkt.

Heike Thissen

So geht's zum Bügelverschluss:

Die Flaschen mit Bügelverschluss befinden sich im Obst- und Gemüsekarren des Stadterhebungsmonuments am Burgplatz an der Ecke zwischen Joseph-Wimmer-Gasse und Müller-Schlösser-Gasse. Sie sind am der Brücke zugewandten Ende des Monuments zu sehen.

Die verschlossene Tür stammt aus einer Zeit, als die Mauer längst keine Feinde mehr abhalten musste.

23

Verschlossene Tür

Vergessener Zugang zum idyllischen Grün

Sieben Rheinbrücken setzen ein deutliches Zeichen: Düsseldorf ist eine Stadt, die für Besuch von außerhalb jederzeit offen steht und in der jeder willkommen ist. Doch was im 21. Jahrhundert selbstverständlich ist, war viele Jahrhunderte lang für die Menschen am Niederrhein undenkbar. Düsseldorf war Festungsstadt: Nur wer explizit erwünscht war, erhielt Einlass. Ein bis heute deutlich sichtbares, wenn auch von den meisten Passanten ignoriertes Zeichen dafür sind die Steinmauern am Spee'schen Graben in der Carlstadt. Doch warum sind sie von einem Zugang durchbrochen? Das hat sich auch Tobias Lauterbach gefragt, der sich im Düsseldorfer

Garten-, Friedhofs- und Forstamt um die Gartendenkmalpflege kümmert. „Ich wusste, dass die Mauern, die auf der Landzunge beim Museum noch heute zu sehen sind, der letzte Rest einer bastionären Festung sind. Diese hat früher einmal die ganze Altstadt umspannt", erklärt er.

1538 hatten die jülisch-bergischen Landstände beschlossen, die inzwischen vergleichsweise moderne Renaissancestadt Düsseldorf zur Festung auszubauen. Weil das Schießpulver bereits erfunden war und bei militärischen Auseinandersetzungen immer mehr großkalibrige Geschütze zum Einsatz kamen, bedienten sie sich dafür einer neuen Befestigungstechnik, bei der nicht – wie zuvor – eine einzige Mauer zum Einsatz kam, sondern eine Festungsanlage mit Wällen, Bastionen und von der Düssel gespeisten Wassergräben. Am Ende schloss diese Festungsanlage eine Fläche von mehr als 27 Hektar ein und kündete eindrucksvoll von der Stärke der Stadt und der Macht ihrer Landesherren.

Dass von ihr nichts mehr übrig ist, verdanken die Düsseldorfer dem französischen Kaiser Napoleon. Am 6. September 1795 hatten französische Truppen die Stadt besetzt, sechs Jahre später zogen sie nach dem Frieden von Lunéville wieder ab – aber nicht, ohne vorher die Festungsanlagen komplett geschleift zu haben. Vermutlich haben sie auch vor der Bastion, deren Teile wir heute noch sehen können, nicht Halt gemacht.

Der Spee'sche Graben gehört zu einer idyllischen Gartenanlage.

Die Grafen von Spee waren es dann, die das Gelände 1806 erwarben, darauf ihr gleichnamiges Palais errichteten und einen Garten anlegten. Sie ließen auch die Mauer wiederaufbauen, um sie in die Parkanlage zu integrieren. „Sie beauftragten den Gartenarchitekten Maximilian Friedrich Weyhe, der bereits damit beschäftigt war, das Festungsgelände südlich der Altstadt umzugestalten: Das Palais wurde errichtet, der Park entstand, die Mauer wurde instandgesetzt", erklärt Lauterbach.

Und jetzt kommt der Durchgang in der Mauer ins Spiel, wie Tobias Lauterbach sagt: „Gegenüber der Anlage entstand im Wasser eine Halbinsel, die von der Landseite her nicht zugänglich war und ebenfalls zu dem Ensemble gehörte. Die einzige Möglichkeit, trockenen Fußes dort hinzugelangen, war es, mit einem Boot den Graben zu überqueren – und zwar von der Stelle am Ufer aus, zu der der Durchbruch in der Mauer führt." Und er fügt hinzu: „Für die städtebauliche Entwicklung und Geschichte Düsseldorfs sind diese Bastionsreste sehr bedeutsam, weil sie zu den wenigen letzten Relikten gehören, die die ehemalige bastionäre Befestigung oberirdisch real erlebbar machen."

„Gegenüber der Anlage entstand im Wasser eine Halbinsel, die von der Landseite her nicht zugänglich war und ebenfalls zu dem Ensemble gehörte."

Es lohnt sich also, in der Poststraße kurz innezuhalten, einen Blick über den Graben zu werfen und sich vorzustellen, wie die Grafen von Spee von dort zur Halbinsel übersetzten.

Heike Thissen

So geht's zur verschlossenen Tür:

Die verschlossene Tür in der Bastionsmauer lässt sich am besten von der Poststraße aus auf Höhe der Einmündung der Bastionstraße betrachten.

Rheinbahn
#PARIS
#300KM/H
#ROTERBLITZ
THALYS
THALYS.COM

Metallkasten

Die Welt unter dem Worringer Platz

Oberbürgermeister Thomas Geisel steht am Worringer Platz vor einem sonderbaren quadratischen Kasten aus Metall und sagt: „Darunter verbirgt sich ein großes Geheimnis." Lüften möchte das Stadtoberhaupt selbiges allerdings nicht sofort, zunächst will der OB ein paar Worte zum Worringer Platz und seiner Bedeutung für die Stadt verlieren. „Es gibt wahrscheinlich kaum einen Düsseldorfer Platz, über dessen Erscheinungsbild ähnlich häufig, heftig und kontrovers diskutiert wurde und wird", überlegt er, „wobei es sogar einige Zeitgenossen geben soll, die ihm jede Platzqualität absprechen."
Zwar befindet sich in der Mitte ein kleines Areal, in dem man essen und auch trinken kann, man kann sich sogar Kunst zu Gemüte führen. Ein paar Bäume spenden Schatten, Bänke sollen zum Verweilen einladen. „Aber das Areal ist verkehrsumtost", gibt der OB zu bedenken und erklärt: „Ja, ein Platz kann anders aussehen. Das zeigen in Düsseldorf der Markt-, der Burg- und der Gustaf-Gründgens-Platz. Doch man kann sie eben nicht mit dem Worringer Platz vergleichen. Er ist eines der Einfallstore in die Innenstadt." Und dennoch sei er mehr als das: „Das Glashaus auf dem eigentlichen Platz ist nicht der einzige künstlerische Ort. Ringsherum blüht eine Szene, aus der perspektivisch immer mehr werden könnte. Galerien, Hotels mit künstlerischem Anspruch, die *Botschaft* – ein sehr begehrter Veranstaltungsort – um ihn herum das Capitol-Theater und das Tanzhaus NRW: Der Worringer Platz hat Potential!", ist das Stadtoberhaupt überzeugt.

Und wo ist das angekündigte Geheimnis? „Es befindet sich unter seiner Oberfläche", verrät der OB und präzisiert: „Dort verläuft die alte, von 1962 bis 1994 genutzte Unterführung." Dass der Worringer Platz sozusagen unterhöhlt ist und dass es sich bei dem merkwürdigen quadratischen Element um einen – verschlossenen – Eingang in die Unterwelt handelt, unter dem sich Treppen befinden, das dürfte nach

Oberbürgermeister Thomas Geisel an dem Metallkasten – er weiß, dass dieser den Zugang zu einem spannenden Ort verbirgt.

Einschätzung Thomas Geisels den wenigsten Menschen bewusst sein, die den Worringer Platz tagtäglich überqueren. „Seinerzeit war dieses Bauwerk als Verbeugung vor dem Individualverkehr gedacht. Man wollte die ‚lästigen' Fußgänger unterirdisch führen, zwischen fünf Ein- und Ausgängen samt Rolltreppen konnten sie wählen." Das taten die Passanten allerdings nicht wirklich gern.

„Seinerzeit war dieses Bauwerk als Verbeugung vor dem Individualverkehr gedacht. Man wollte die ‚lästigen' Fußgänger unterirdisch führen, zwischen fünf Ein- und Ausgängen samt Rolltreppen konnten sie wählen."

Die Unterführung ereilte dann auch ein Schicksal, das sie mit vielen anderen Bauwerken ihrer Art teilt: Sie entwickelte sich zu einem typischen „Angstraum", weshalb sie 1994 geschlossen wurde. 2002 erfolgte die Betonversiegelung, sodass man die Zugänge heute nur noch erahnen kann. Bei dem Metallkasten handelt es sich um einen behelfsmäßigen Einstieg, der nach Schließung der Unterführung am Ort eines ehemaligen Eingangs angelegt wurde.

Damit sind auch alle die Wände bedeckenden kunterbunten Werke zahlreicher Graffiti-Künstler für immer unter der Erde verschwunden. „Sie tobten sich, um etwa 1993, an jedem freien Fleckchen aus. Da die Unterführung lediglich versiegelt wurde, hat sich alles erhalten, es ist wie eine unterirdische Zeitkapsel."

Eva-Maria Bast

So geht's zum Metallkasten:

Er befindet sich am Worringer Platz / Ecke Kölner Straße auf Höhe des Gebäudes Kölner Straße 67.

Stefan Süß hat diese Delle im Geländer ganz bewusst so gelassen.

25

Knick im Geländer

Bleibende Erinnerung an Ela

In dieser Nacht erfahren die Einwohner Düsseldorfs, was das Wort „Weltuntergang" bedeutet. Krachend geht ein Baum nach dem anderen zu Boden, mit 144 km/h bläst der Wind, 40 Liter Niederschlag pro Quadratmeter überfluten Düsseldorfs Straßen.

Sturm Ela hat Nordrhein-Westfalen am 9. Juni 2014 fest im Griff, tobt aber auch in Hessen und Niedersachsen sowie in Frankreich, Luxemburg, Belgien und den Niederlanden. Sechs Menschen sterben in Düsseldorf, Essen, Köln und Krefeld, 67 werden verletzt, die Schadenssumme liegt bei 650 Millionen Euro.

In Düsseldorf fallen Bäume, rund 30.000 gehen direkt verloren, weitere 24.000 können mit Pflegemaßnahmen erhalten werden. Die Feuerwehr ist im Dauereinsatz, 330 Soldaten rücken in den Folgetagen

mit Panzern an, um beim Aufräumen zu helfen. Auch vor dem Nordfriedhof macht Ela nicht Halt. Von den rund 5.000 Bäumen auf der Anlage stürzen 738 um oder müssen gefällt werden.
Heute merkt man davon nichts mehr. Der Friedhof ist die reinste Baum- und Blütenpracht und die wiederum der ganze Stolz seines Leiters Stefan Süß. Doch es gibt eine Stelle, an der sehr wohl noch etwas von dem Sturm zu sehen ist: In der Nähe des Hochkreuzes beim Millionenhügel – hier sind Düsseldorfs betuchte Bürger bestattet – hat das Geländer am Wegesrand eine seltsame Form angenommen. Es geht kräftig nach unten und dann wieder nach oben.
„Die Bäume hier auf dem Friedhof sind im Dominoeffekt gefallen, einer hat den anderen mitgerissen“, berichtet Stefan Süß. „Auch eine Eiche hat es erwischt. Sie ist auf das Geländer gekracht und hat eine durch diese Gewalt hervorgerufene Kaltverformung im Metall hinterlassen. Anhand der Delle kann man sehr schön den Durchmesser des Baumes sehen“, sagt der Friedhofsleiter und streicht über das Geländer. „Wir haben das bewusst gelassen, weil das auch ein imposantes Beispiel für die jungen Friedhofsbesucher in unseren Kinderführungen ist, wie gewaltig die Natur sein kann.“ Er sagt: „Die Aufräumarbeiten nach Ela haben uns damals viel Zeit und Emotionen gekostet. Es wurden auch Gräber zerstört und viele Angehörige konnten wegen der Gefahr von herunterstürzenden Ästen lange nicht zu den Gräbern.“
Stefan Süß findet, dass eine Erinnerung an ein solches Ereignis bleiben darf. Und wenn es nur eine Delle im Geländer ist.

Eva-Maria Bast

So geht's zum Knick im Geländer:

Er befindet sich auf dem Nordfriedhof am Scheitelpunkt des Millionenhügels. Der Nordfriedhof hat die Adresse Am Nordfriedhof 1.

Ute Pannes vor den Mosaiken.

26

Mosaiken

Vor den Blicken der Nazis verborgen

So groß und so prachtvoll. Doch an den Mosaiken am Ehrenhof, dem expressionistischen Gebäude- und Gartenensemble, das 1925 bis 1926 für die „Große Ausstellung für Gesundheitspflege, Soziale Fürsorge und Leibesübungen“ (GeSoLei) errichtet worden war, gehen die meisten Menschen achtlos vorüber.

Ute Pannes, die regelmäßig Führungen rund um den Ehrenhof anbietet, verweilt jedoch gern und oft vor den großen Kunstwerken – und sie kennt auch ihr Geheimnis: „Die Zeit des Nationalsozialismus haben sie abgedeckt und übertüncht überdauert“, sagt sie. Denn die Mosaiken entsprachen so gar nicht dem Geschmack der damaligen Machthaber und mussten weichen, während im Haus Ehrenhof 5 ein Zivilarbeitslager für westeuropäische Arbeiter eingerichtet wurde.

Zwei der Mosaiken, „Der Tag“ und „Die Nacht“ stammen von Jan Thorn Prikker (1868-1932). Drei, nämlich „Die Madonna, der die Künste und das Handwerk huldigen“, „Der Rhein als Träger des Lebens“ und „Tanz“ sind von Heinrich Nauen (1880-1940).

Diese Mosaiken von Heinrich Nauen und Jan Thorn Prikker wurden von den Nazis als „entartet“ bezeichnet. „Zum Glück hat man sie aber nicht zerstört oder abgeschlagen, sondern verputzt, damit man sie nicht mehr sehen konnte“, erklärt Ute Pannes, „wahrscheinlich haben sie gerade durch diese Maßnahme den Krieg unbeschadet überstanden.“

Etliche Skulpturen, die sich ebenfalls im Bereich des Ehrenhofs befanden, seien hingegen abgebaut und in den städtischen Bauhof gebracht worden. „Dort wurden sie in die hinterste Ecke gestellt und nach und nach vergessen. Es gibt aber auch genügend Kunstwerke, die zerstört oder eingeschmolzen wurden“, bedauert die Gästeführerin. Dieses Schicksal ereilte zum Beispiel die beiden Bronzeskulpturen von Bernhard Sopher, die ebenfalls als „entartet“ bezeichnet wurden, an sie erinnern zwei leere Sockel vor dem Kunstpalast.

Die Mosaiken überdauerten den Zweiten Weltkrieg unter Verputz.

Zuvor, 1937, hatte die Museumsleitung in dieser Sache auch an den Oberbürgermeister geschrieben: „Nach meiner Kenntnis der Dinge gilt Sopher als Nichtarier, dem seinerzeit die Ausübung des künstlerischen Berufs aus Rassegründen untersagt wurde. M. E. dürfte es sich empfehlen, eine, grundsätzliche Entscheidung in der Sache herbeizuführen, ob die Figuren stehen bleiben können.“ Unterzeichnet war der Brief mit „Hupp“.

Doch zurück zu den Mosaiken: Diese seien von den Nationalsozialisten als sehr provokant und modern erlebt worden, sagt die Gästeführerin: „Die figürliche Darstellung in der Mitte, umgeben von einem abstrakten Feld, das war etwas Neues, es war den Nationalsozialisten zu wenig naturalistisch und zu wenig volkstreu. Die Vermischung von Figurendarstellung und abstrakten Mustern war sehr gewagt und deshalb nicht erwünscht."

Außerdem seien ihnen die Künstler und besonders Heinrich Nauen zu unbequem gewesen, schätzt Ute Pannes. Der Professor an der Düsseldorfer Kunstakademie, der von den Nazis dann auch in den vorzeitigen Ruhestand geschickt wurde, war Mitglied in der Gruppe Junges Rheinland und gehörte zum Kreis um „Mutter Ey" (siehe Geheimnis 27). Johanna Ey (1864-1947) war eine in Düsseldorf sehr bekannte Mäzenin. „Sie hat die junge Avantgarde unter ihren Fittichen gehabt, bei ihr sind Max Ernst und Otto Dix groß geworden", nennt die Stadtführerin zwei Beispiele.

Und Jan Thorn Prikker? Der Niederländer war 1904 nach Deutschland gekommen und hatte zunächst einen Lehrauftrag an der heutigen Hochschule Niederrhein, damals Handwerker- und Kunstgewerbeschule Krefeld. Später unterrichtete er auch in München, Düsseldorf und Köln. „Seine Mosaiken bestehen eher aus geometrischen Mustern, und auch das entsprach nicht dem Kunstgeschmack der Nationalsozialisten", erläutert Ute Pannes. Auch sie wurden abgedeckt und so unsichtbar gemacht. Der niederländische Künstler hat das aber nicht mehr mitbekommen: Er starb 1932.

Eva-Maria Bast

So geht's zu den Mosaiken:

Sie befinden sich in den offenen Ecktempeln an der Tonhalle und am NRW-Forum Süd (Heinrich Nauen) sowie am NRW-Forum Nord und direkt gegenüber am Kunstpalast (Jan Thorn Prikker).

27

Stuhl ohne Sitzfläche

Platz nur für einen Po – den von Mutter Ey

Wer Wolfgang Rolshoven, den Baas der Düsseldorfer Jonges – also den Vorsitzenden des größten Heimatvereins Europas, nach einem Relikt in der Innenstadt fragt, das ihm am Herzen liegt, der erhält schnell eine Antwort: das Mutter-Ey-Denkmal natürlich! Es steht auf dem gleichnamigen Platz im Andreas-Quartier und erinnert an Johanna Ey (1864-1974), die über viele Jahre hinweg die Düsseldorfer Künstlerszene entscheidend mitgeprägt hat. Sie war es, die zu Beginn des 20. Jahrhunderts Leute wie zum Beispiel Otto Dix oder Max Ernst überhaupt erst zu ihrem Erfolg verhalf. „Doch was die wenigsten wissen, ist, dass zu dem Denkmal noch ein zweiter Teil gehört", sagt er. Rolshoven betritt das Mutter-Ey-Café am Platz und zeigt auf ein Ensemble in einer Ecke am Fenster, das aus einem Caféhaustisch und einem Stuhl besteht – einem Stuhl, dem die Sitzfläche fehlt.

„Das ist kein Versehen. Der Bildhauer Bert Gerresheim hat das Sitzmöbel absichtlich so gestaltet, und zwar aus gutem Grund", erklärt der Jonges-Baas. Das Ensemble im Café zeigt eine intime Szene, die den Eindruck vermittelt, als sei Mutter Ey gerade erst aufgestanden. Ihre dicke Nickelbrille liegt auf dem Tisch, darunter ein Telegramm von Max Ernst mit dem Text „Großes Ey, wir loben Dich...", korrespondierend dazu ein überdimensionales Ei mit einer Kaffeetasse im Innern als Hinweis auf Mutter Eys Leidenschaft für ihr Kaffeehaus. „Hier hat sie also ihren Stammplatz, der eigens für sie reserviert ist", erklärt Wolfgang Rolshoven und schmunzelt beim Blick auf den Stuhl: „Gerresheim hat die fehlende Sitzfläche damit erklärt, dass ein Mythos keinen Hintern habe. Im echten Leben hatte Mutter Ey einen dicken Hintern, aber als Mythos eben nicht." Es ist aber nicht das ausladende Hinterteil, an das sich die Düsseldorfer erinnern, wenn sie an Mutter Ey denken, sondern ihre Rolle als „Mutter Courage der Moderne", wie sie gern genannt wird.

Ein Stuhl ohne Sitzfläche? Seine Bedeutung ist eng verbunden mit dem Denkmal auf dem Platz vor dem Café, in dem er steht.

Geboren wurde Johanna Stocken in Wickrath und heiratete mit 26 Jahren den Bierbrauer Robert Ey, der zu Gewalttätigkeit und Untreue neigte. „Sie hatten zusammen zwölf Kinder, von denen aber acht schon früh starben", berichtet Rolshoven über die Familienverhältnisse. Doch Johanna Ey ließ sich davon nicht unterkriegen und auch nicht davon, dass ihr Mann sie nach 17 Jahren Ehe sitzenließ. Für ihre Zeit war sie eine moderne Frau, denn sie zog 1907 mit ihren Kindern nach Düsseldorf und eröffnete in der Nähe der Kunstakademie einen Backwarenladen, den sie nach ihrer Scheidung um eine Kaffeestube erweiterte – eine Fügung, die sich sowohl für Johanna Ey als auch für unzählige Künstler als eine sehr glückliche erweisen sollte.

Wolfgang Rolshoven schaut gern bei der Statue der Künstlermutter Johanna Ey vorbei.

„Weil die Kunstakademie um die Ecke lag, gingen viele Studenten – darunter viele noch unbekannte Maler – bei ihr ein und aus. Und wenn die kein Geld hatten, um ihre Rechnungen zu bezahlen, hinterließen sie Johanna im Gegenzug ihre Werke", erzählt Wolfgang Rolshoven. Kein Wunder, dass der Ruf der verständnisvollen und herzlichen „Mutter Ey" bald die Runde machte. Der aus der Not entstandene Kunsthandel bestimmte schon bald ihr Leben und verhalf ihr zu Wohlstand und Achtung. „Sie eröffnete dann eine eigene Galerie, die zum Zentrum fortschrittlicher, revolutionärer Kunst wurde und zum Hauptquartier der Gruppe ‚Das junge Rheinland', zu der unter anderem Künstler und Schriftsteller wie Max Ernst, Otto Dix, Arthur Kaufmann oder Herbert Eulenberg gehörten", beschreibt der Jonges-Baas die weitere Erfolgsgeschichte. Immer wieder einmal musste die Polizei Streitigkeiten vor ihrem Eingang schlichten, weil sich die Düsseldorfer uneins waren über die Kunst, die Mutter Ey ausstellte.

Mit der Machtergreifung der Nationalsozialisten 1933 wurde es schwer für die geachtete Kunstmäzenin und überzeugte Verfechterin der Modernen Kunst, schließlich betrachteten die neuen Machthaber die Werke, die sie sammelte, als „entartet“. Werke wurden aus der Galerie entfernt oder gleich zerstört, an ein Fortführen des Kunsthandels war nicht zu denken. „Sie verbrachte die Kriegsjahre bei einer Tochter in Norddeutschland und kehrte nach 1945 nach Düsseldorf zurück. Eigentlich hätte sie gern wieder ein Café eröffnet, aber dazu kam es nicht mehr“, beschreibt Wolfgang Rolshoven den weiteren Lebensweg der Ey. Als sie am 27. August 1947 starb, wurde sie in einem Ehrengrab beigesetzt.

„Eigentlich hätte sie gern wieder ein Café eröffnet, aber dazu kam es nicht mehr.“

„Wenn man sich dieses Leben anguckt, kann man, glaube ich, gut nachvollziehen, warum es uns so wichtig war, dass dieses Denkmal entsteht und aufgestellt wird“, sagt Rolshoven und legt der Mutter-Ey-Statue, die am 25. September 2017 aufgestellt wurde, anerkennend die Hand auf die Schulter. Seit 2016 erinnern, unter anderem dank der Initiative der Düsseldorfer Jonges, die 2,50 Meter große und 880 Kilo schwere Bronzestatue auf dem Platz und die wesentlich unscheinbarere Kaffeehausszene im Inneren des Cafés nun an die – dank ihrer Künstlerfreunde – meistporträtierte Frau des 20. Jahrhunderts. Daran, dass sie ein ausladendes Hinterteil hatte, denkt dabei niemand. So, wie es sich für einen Mythos gehört. Kein Wunder also, dass Bert Gerresheims Bronzestuhl für Mutter Ey keine Sitzfläche hat.

Heike Thissen

So geht’s zum Stuhl ohne Sitzfläche:

Der Stuhl ohne Sitzfläche steht im Mutter-Ey-Café am Mutter-Ey-Platz in der Neubrückstraße.

28

Betonklotz

Kapitulation vor der Zerstörung

Am Rand des Lanz'schen Parks steht ein großer, grauer Betonklotz, der sich so gar nicht in die idyllische Umgebung einfügen will. Historiker Peter Henkel hat seine Geschichte recherchiert, die auf das dunkelste Kapitel in Düsseldorfs Geschichte verweist: die Nazizeit. „Das hier sind die letzten Reste eines Bunkereingangs der Luftschutzleitstelle Lohausen", sagt er. „Von hier aus wurde gegen Ende des Krieges die Luftverteidigung von Düsseldorf bis weit ins Ruhrgebiet hinein koordiniert." In Lohausen hatte der Höhere SS- und Polizeiführer West, Gutenberger (1905-1961), „eine riesige Luftschutzleitstelle" unterhalten und von hier aus auch bei Bedarf Zwangsarbeiter und KZ-Häftlinge aus den umliegenden Lagern angefordert, um nach den Luftangriffen Räumarbeiten durchzuführen. „Denn als der Bombenkrieg immer schlimmer wurde, galt es nicht nur, möglichst schnell die Trümmer zu räumen, sondern es gab auch jede Menge Blindgänger, die beseitigt werden mussten", betont der Historiker.

Das Bombenräumkommando Lohausen bestand nur für kurze Zeit zum Ende des Krieges. Die Männer mussten sich nach Bombenangriffen auf die Suche nach Blindgängern machen und diese bergen. Viel sei über das Kommando nicht bekannt, nur, dass insgesamt zwischen 35 und 120 Mann dort eingesetzt waren. „Zwar tauchen in der Literatur vielfach die Namen von 27 namentlich bekannten Zwangsarbeitern aus Russland, der Ukraine und Polen auf, die in diesem Kommando ums Leben gekommen sein sollen, tatsächlich kamen sie aber schon 1941 ums Leben", sagt Henkel und unterstreicht: „Also drei Jahre bevor das Kommando überhaupt in Lohausen eingerichtet wurde."
Der Bombenkrieg erreichte Düsseldorf am 15. Mai 1940: „Waren vereinzelte Bombenabwürfe zu Kriegsbeginn noch Grund, mit Kind und Kegel Ausflüge zum Ort des Geschehens zu machen, um einmal einen Bombenangriff aus der Nähe miterleben zu können, so sollte sich die-

Peter Henkel steht neben dem grauen Betonklotz. Er hat die Geschichte dahinter recherchiert.

ser Sensationstourismus bald von selbst einstellen", schreibt das Stadtarchiv in dem Aufsatz *Düsseldorf im Bombenkrieg*. Denn für die Alliierten war die Stadt ein wichtiges Ziel: Schließlich entstanden zwei Drittel der für die Herstellung von Kanonen notwendigen Stahlrohre in Düsseldorf, außerdem hatten die „Vereinigten Stahlwerke" und wichtige chemische Industriebetriebe ihren Sitz in der Stadt.

Und in der Tat stellte der 15. Mai 1940 nur einen ersten, vergleichsweise harmlosen Anfang dar. Das Stadtarchiv schreibt: „Immer häufiger flogen die Kriegsgegner Bombenangriffe auf die Stadt. Lange wurden zwar keine größeren Flächen zerstört, aber die Spuren des Krieges und die Anzahl der durch Bomber zerstörten Häuser wuchs." Mit den Wiederaufbauarbeiten kam keiner hinterher. Und es wurde immer schlimmer. Am Pfingstsamstag 1943 fielen zum Beispiel in 80 Minuten 1.300 Spreng- und ca. 225.000 Brandbomben auf die Stadt „und verwandelten die getroffenen Stadtteile Derendorf, Zentrum und die Südstadt in ein 40 Quadratkilometer großes Flammenmeer mit etwa 9000 Bränden". Das Stadtarchiv zitiert eine Krankenschwester, die berichtete: „Beim Pfingstangriff haben wir Tag und Nacht gearbeitet. Schon in der Nacht, als noch Bomben fielen, kamen die ersten Verwundeten. Da kamen Menschen, die hatten 20 bis 30 Bombensplitter im Körper. Viele waren an den Augen verbrannt. Ich habe auch Tote gesehen, große Männer, die verkohlt waren, bis auf die Größe eines Kleinkinds geschrumpft." Zwei Angriffe im November 1943 und 1944 hätten den Höhepunkt des Luftkriegs dargestellt.

Schon ab 1943/44 sei an eine Reparatur der Kriegsschäden nicht mehr zu denken gewesen, weil Personal- und Materialknappheit dies nicht mehr zuließen. Und wenn die Stadt schon mit dem Trümmerräumen nicht nachkam, dann wollte sie doch zumindest mit der Sprache aufräumen: So verfügte Oberbürgermeister Carl Haidn am 15. März 1944 kurz und bündig die „Beseitigung der Wörter ‚Katastrophen-Einsatz' und ‚Soforthilfe'. Als Ersatz für das Wort ‚Katastrophen-Einsatz' ist künftig die Bezeichnung ‚Luftkriegseinsatz' zu wählen. Auch das Wort ‚Soforthilfe' ist nicht mehr anzuwenden." Man könne diese Verfügung nicht anders bezeichnen „als eine mit Realitätsverlust gekoppelte innere Kapitulation vor den Problemen der Zeit", ist dem Aufsatz zu entnehmen.

Wie Henkel erklärt, habe man zu Beginn des Krieges noch professionelle Sprengkommandos eingesetzt, doch schon 1941 sei die Forderung laut geworden, Häftlinge für diese gefährliche Arbeit abzustellen. In der Regel sei politischen Inhaftierten, die kurz vor der Entlassung standen, angeboten worden, die nach der Haftverbüßung anstehende Schutzhaft, also Konzentrationslager, zu umgehen und sich freiwillig zu den Räumkommandos zu melden. Und obwohl das Bombenräumen eine ausgesprochen gefährliche Angelegenheit war, hätten sich viele Häftlinge dafür entschieden: „Das gab ihnen die Gelegenheit, sich dem direkten Einfluss der SS zu entziehen“, erklärt der Historiker.

Ab 1942 wurden in Düsseldorf Außenlager gegründet, „denen man die Häftlinge aus den Stammlagern für bestimmte Einsätze quasi vermietet hat“, sagt Henkel, „an die Kommunen, an die Wehrmacht oder auch an die Wirtschaft, zum Trümmerräumen oder für die Produktion.“ Ein besonders schlimmes Lager sei das Außenlager Stoffeln gewesen: „Wir gehen davon aus, dass es deutschlandweit während des Zweiten Weltkriegs 700 solche Außenlager gab. Stoffeln hatte die zweithöchste Todesrate. In den fünf Monaten, in denen es existiert hat, sind von den 500 Häftlingen 111 ums Leben gekommen.“

Nach dem Krieg hätten viele Menschen behauptet, nichts von den Zwangsarbeiterlagern gewusst zu haben. Doch Henkel schüttelt nur den Kopf. „Trümmerräumung zum Beispiel war etwas sehr Öffentliches. Ich kenne auch mehrere alte Fotos, die mitten in der Stadt aufgenommen wurden. Da sieht man Häftlinge, die in ihren gestreiften Häftlingsanzügen aufräumen. Und auf der anderen Straßenseite sind Männer und Frauen auf dem Weg zur Arbeit zu sehen. Das passierte mitten drin.“

Eva-Maria Bast

So geht’s zum Betonklotz:

Er steht im Lantz’schen Park relativ gegen Ende des Heiligenwegs.

Stundenstein

Navigationssystem aus dem 19. Jahrhundert

Längst haben Navigationssysteme die Herrschaft über viele Autos und deren Fahrer übernommen. Sie zeigen an, wo es langgeht, und geben Auskunft darüber, wie lange die Fahrt bis zum Zielort noch dauert. Beides – die richtige Strecke zu einem Ziel und die Zeit, die benötigt wird, um sie zurückzulegen – interessierte die Menschen aber schon vor vielen Jahrhunderten. An drei Stellen im Düsseldorfer Stadtgebiet ist dieses Informationsbedürfnis auch heute noch nachzuvollziehen. Denn in der Siegburger, der Koblenzer und der Bonner Straße stehen sogenannte Stundensteine, die einst dem Betrachter jene wichtige Mitteilung machten – wenn auch anders, als ihr Name es nahelegt.

Im Vorbeifahren sieht der historische Meilenstein an der Ecke Bonner Straße/Am Trippelsberg unscheinbar aus. Seine Inschriften sind weitgehend verblasst, er hat eindeutig schon bessere Zeiten gesehen. Das verwundert nicht weiter, ist der Stein aus Basaltlava doch inzwischen mehr als 210 Jahre alt und stand die meiste Zeit seines Daseins vor dem Benrather Rathaus. Damals diente er den Postkutschen als Wegmarke. Doch anders als seine Bezeichnung vermuten lässt, zeigte er nicht die Zeit an, sondern die Strecke. Denn als der Stein aufgestellt wurde, war die „Stunde“ nicht nur eine Zeiteinheit, sondern auch ein Längenmaß. Sie entsprach in etwa einer Strecke von 3,7 Kilometern. Mit einer Postkutsche ließen sich also ohne Probleme mehrere dieser Längenmaß-Stunden in einer einzigen Zeit-Stunde abfahren.

So kommt es, dass der Stein, der seit Anfang der 1990er-Jahre an seinem heutigen Platz steht, für die Fahrt nach Düsseldorf beispielsweise zwei Stunden angibt. Und um die Sache mit den Stunden so richtig kompliziert zu machen: Galt diese Angabe nur für die Postkutsche, dann waren 3,7 Kilometer gemeint. Ging es um herkömmliche Reisestraßen und nicht um Poststraßen, galt das Längenmaß der Rei-

Anders als sein Name vermuten lässt, zeigte der Stundenstein nicht die Zeit an, die noch bis zum Ziel veranschlagt werden musste.

sestunden. Anstatt der 3,7 Kilometer betrugen diese in etwa 4,5 Kilometer.

Einer, der auch an den heute noch bestehenden Steinen mehrfach vorbeikam, war der Dichter, Schriftsteller und Journalist Heinrich Heine (1797-1856). In seinem Werk *Deutschland. Ein Wintermärchen* dichtet er in Caput VIII die ironischen Verse: *Von Köllen bis Hagen kostet die Post / Fünf Taler sechs Groschen Preußisch. / Die Diligence war leider besetzt, / Und ich kam in die offene Beichais'.*

Und auch auf den Zustand der Straßen neben den Stundensteinen geht er ein: *Ein Spätherbstmorgen, feucht und grau, / Im Schlamme keuchte der Wagen; / Doch trotz des schlechten Wetters und Wegs / Durchströmte mich süßes Behagen.*

Was ihm so gut gefiel an dem Dreck und dem Regen? Heine erklärt es: *Das ist ja meine Heimatluft! / Die glühende Wange empfand es! / Und dieser Landstraßenkot, er ist / Der Dreck meines Vaterlandes!*

Reisen und Unterwegssein war zu Lebzeiten des Dichters kein Vergnügen, daran konnten auch die Stundensteine nichts ändern.

Bis 1868 war die Bezeichnung „Stunden" undurchsichtig, dann kümmerte sich der preußische König Wilhelm (1797-1888) um Klarheit: Er führte mittels der „Maaß- und Gewichtsordnung für den Norddeutschen Bund" das metrische System und damit einheitliche Maße ein. Ab 1872 waren als Längenmaße Millimeter, Zentimeter, Meter und Kilometer zugelassen und als Entfernungsmaß die Meile mit einer Länge von 7.500 Metern. Endlich konnte sich die Verwirrung rund um die Stundensteine legen. Denn von nun an waren sie veraltet, neue Wegmarken entstanden. Und die Steine wurden künftig nicht mehr groß beachtet. Daran hat sich bis heute nichts geändert.

Heike Thissen

So geht's zum Stundenstein:

Er steht an der Kreuzung Bonner Straße / Am Trippelsberg.

Peter Stegt weiß, was es mit den Betonblöcken zu seinen Füßen auf sich hat.

30

Betonblöcke

Erinnerung an einen zerstörten Bunker

Ein Spaziergang mit Peter Stegt durch Gerresheim ist immer auch eine Reise in die Vergangenheit. Der Lehrer und Historiker kennt sich so gut aus, dass ihm entlang des Weges viele Relikte auffallen, hinter denen sich spannende und beinahe vergessene Geschichten verbergen. Und mitunter befinden sich die geschichtsträchtigen Überbleibsel nicht nur neben dem Weg, sondern sogar *in* ihm – so zum Beispiel an der Kapelle am Gerricus-Pütz am Ende der Gerricusstraße.

„Hier betrachten natürlich alle nur das kleine Gotteshaus und die Inschrift, die an die Toten eines Luftangriffes erinnert. Aber mindestens genauso beachtenswert sind eigentlich diese Betonblöcke, die den benachbarten Waldweg befestigen“, erklärt er. Viele alte Gerresheimer erinnern sich noch an den Bunker, der oberhalb der Kapelle stand und in dem sie bei Luftangriffen der Alliierten Schutz suchten. Und auch, dass hier 42 Menschen am Allerseelenabend 1944 ums Leben kamen, wissen viele – schließlich erinnert die Inschrifttafel explizit daran. „Aber dass von diesem Bunker noch etwas übrig geblieben ist, dessen ist sich kaum jemand bewusst“, weiß Stegt aus Erfahrung. Er hat herausgefunden, dass es sich bei den schmalen Blöcken im Weg um Fertigteile aus Beton handelt, die in dem Bunker verbaut waren. Zusammen mit der Inschrift in hellem Naturstein, auf der die Namen von mehr als 40 zivilen Kriegsopfern festgehalten sind, erinnern sie daran, dass dieser Stollen im Hang für sie zur tödlichen Falle wurde.

Es war am Allerseelenabend, dem 2. November 1944, als die alliierten Bomberverbände ihren letzten von insgesamt neun Großangriffen auf Düsseldorf flogen. 992 Bomber zerstörten allein in dieser Nacht 5.000 Wohnhäuser und 25 Industrieanlagen und radierten ganze Stadtviertel aus. Mehr als 700 Menschen verloren ihr Leben, 15.000 Düsseldorfer verloren in dieser Nacht ihr Zuhause.

Die Inschrifttafel für die Gefallenen eines Luftangriffes.

Auch in Gerresheim hatten die Menschen versucht, sich in Sicherheit zu bringen, und waren in die nahe gelegenen Bunker geflohen – auch in den oberhalb der Pützchen-Kapelle. „Nachdem Entwarnung gegeben worden war, kamen sie aus dem Bunker heraus und wurden von einer Luftmine überrascht. 42 ließen dabei ihr Leben, der Bunker wurde zerstört“, fasst Peter Stegt zusammen. Außer den Betonblöcken im Boden ist heute nichts mehr von der Schutzanlage übrig.

„Die Kapelle stand damals bereits hier, denn sie markiert die Stelle, an der das inzwischen versiegte Gerricus-Pützchen plätscherte“, fügt der Heimatkenner hinzu. Dieser Quelle wurden sagenhafte Heilkräfte – vor allem bei Augenleiden – nachgesagt. Deshalb sollen schon in vorchristlicher Zeit die Heiden hier einen Brunnenkult gepflegt haben. Eine Kapelle an dieser Stelle ist erstmals im 15. Jahrhundert erwähnt, die weiß verschlämmte Wegekapelle, die heute dort zu sehen ist, stammt aus dem Jahr 1922.

„Um den Standort rankt sich auch eine Sage von einem Wett kampf des Stiftsgründers Gerricus mit dem Teufel. Dabei ging es darum, wer vom Turm der St.-Margareta-Kirche weiter springen kann.“

„Um den Standort rankt sich auch eine Sage von einem Wettkampf des Stiftsgründers Gerricus mit dem Teufel. Dabei ging es darum, wer vom Turm der St.-Margareta-Kirche weiter springen kann“, ergänzt Peter Stegt augenzwinkernd. Gerricus übertraf den Sprung des Teufels um viele Meter und nicht nur das: Dort, wo seine Füße auf dem Boden aufkamen, tat sich ein Loch im Boden auf, aus dem klares Wasser sprudelte – das Gerricus-Pützchen.

Von der Quelle ist heute nichts mehr zu sehen, sie ist versiegt. Und auch von dem Bunker ist nichts übrig geblieben. Nichts als die Erinnerung an 42 Opfer des Luftangriffs in Form einer Inschrift und ein paar Betonblöcke im Boden.

Heike Thissen

So geht’s zu den Betonblöcken:

Die Reste des Bunkers befinden sich auf dem Weg, der rechts von der Kapelle am Ende der Gerricusstraße den Hang hinaufführt.

31

Grabplatte

Ein Bischof in Düsseldorf

„So hart es für manch einen klingen mag, aber kirchenrechtlich gehörte Düsseldorf, was die katholische Kirche betrifft, immer schon zu Köln", sagt Stadtarchivar Dr. Benedikt Mauer. „Es gab nie ein Bistum Düsseldorf, was dazu führte, dass die katholische Hauptkirche der Stadt – die heutige Lambertuskirche – zu keinem Zeitpunkt ein Domkapitel beherbergte, keine Weih- und auch keine Diözesanbischöfe hier residierten." Seit dem frühen 19. Jahrhundert habe es aber einige wenige Anläufe gegeben, diesen Umstand zu ändern. Während der sogenannten „Franzosenzeit" habe man in den Jahren 1811 und 1812 sogar kurz vor einer Gründung gestanden, denn der linksrheinische Teil des Erzbistums Köln und damit auch die Domstadt selbst gehörten seit 1802 zum neugegründeten Bistum Aachen. „In Köln residierte kein Bischof mehr, und somit wäre eine Neuordnung der rechtsrheinischen Gebiete naheliegend gewesen", findet Benedikt Mauer. Mit dem Ende der napoleonischen Herrschaft hätten sich diese Pläne dann aber zerschlagen. „Das Gleiche gilt für weitere Anläufe im 20. Jahrhundert, die mit dem starken Bevölkerungswachstum in den Industriegebieten zusammenhingen und letztlich unter anderem zur Gründung des Bistums Essen führten. Düsseldorf ging dabei leer aus."

All das erzählt er mit Blick auf eine Grabplatte, die in der Lambertuskirche in den Boden eingelassen ist. „Denn trotz all dieser Umstände findet sich in St. Lambertus ein Bischofsgrab im nördlichen Chorumgang nahe der Chorhauswand", sagt der Stadtarchivar. Zur Identität des hier Bestatteten liefert die Grabplatte die wichtigsten Informationen: Carl Maria Splett, geboren im Jahr 1898, war von 1938 bis (formell) 1964 Bischof von Danzig. Sein persönliches Bischofswappen wurde ebenso in Stein gehauen wie die Ansichten der doppeltürmigen Bischofskirche von Danzig-Oliva und der Stadt Danzig.

Überraschend: ein Bischofsgrab in der Lambertuskirche.

„Die genannten Daten verweisen natürlich auf ein persönliches Schicksal, das eng mit der deutschen Geschichte verknüpft ist“, fährt der Experte fort. Seiner Ernennung zum zweiten Danziger Oberhirten – das Bistum war erst 1925 gegründet worden – seien massive Auseinandersetzungen zwischen Polen, dem Deutschen Reich und dem Vatikan vorausgegangen, denn Danzig war seinerzeit eine selbstständige Freie Stadt unter dem Schutz des Völkerbundes. Gerade die Nationalsozialisten, die 1933 im Parlament der Freien Stadt Danzig, dem Danziger Volkstag, die Mehrheit der Abgeordnetensitze bekommen hatten, hätten auch kirchenpolitisch versucht, eine deutschnationale Linie durchzusetzen, was letztlich am 13. Juni 1938 zur Amtsniederlegung des Vorgängers von Bischof Splett, Eduard Graf O’Rourke (1876-1943) führte, der seit 1926 Bischof von Danzig war.

Splett hingegen hatte eine ausgesprochen deutschenfreundliche Haltung, zumindest am Anfang: Den „Anschluss“ der Freien Stadt Danzig an das Deutsche Reich am 1. September 1939 – der Zweite Weltkrieg hatte ja durch den Angriff reichsdeutscher Streitkräfte auf das polnische Munitionsdepot an der Westerplatte in unmittelbarer Nähe Danzigs seinen Anfang genommen – begrüßte Bischof Splett. Zwar bezog er in einem Hirtenbrief im Februar 1939 eindeutig Stellung gegen die NS-Ideologie und verglich den Eingriff staatlicher Stellen in kirchliche Angelegenheiten mit den antiken Christenverfolgungen. Anlässlich des Geburtstages von Adolf Hitler am 20. April ließ er dann aber die Glocken läuten.

„Splett ist im politischen Koordinatensystem sicherlich den Deutschnationalen zuzuordnen, wenngleich er auch versuchte, den polnischsprachigen Gläubigen seiner Diözese gerecht zu werden.“

„Splett ist im politischen Koordinatensystem sicherlich den Deutschnationalen zuzuordnen, wenngleich er auch versuchte, den polnischsprachigen Gläubigen seiner Diözese gerecht zu werden“, ordnet Mauer die politische Gesinnung des Danziger Bischofs ein und fährt fort: „Gleichwohl musste er erkennen, dass er gegen die rassistische, antipolnische Politik der Nazis letztlich machtlos war.“ Dem politischen Widerstand sei er definitiv nicht zuzurechnen.

Nach dem Krieg wurde Splett 1946 in einem Schauprozess wegen „polenfeindlichen Verhaltens" zu einer langjährigen Haftstrafe verurteilt und Ende 1956 nach Deutschland abgeschoben. „Auf seinen Titel als Bischof von Danzig hat er nie verzichtet, auch wurde ihm dieser seitens des Vatikans nicht aberkannt, was dazu führte, dass bis zu seinem Tod ein Administrator die Geschicke des Bistums führte", sagt Benedikt Mauer.

Stadtarchivar Dr. Benedikt Mauer am Grab von Bischof Splett.

Bischof Splett zog erst nach Neuss und 1958 nach Düsseldorf. Der Grund: Die Stadt hatte 1952 formell die Patenschaft für die Danziger Vertriebenen übernommen. Einem päpstlichen Wunsch folgend, habe der Geistliche sich insbesondere der seelsorgerlichen Betreuung der vertriebenen Danziger Katholiken gewidmet und im Erzbistum Köln zudem Aufgaben übernommen, für die üblicherweise Weihbischöfe zuständig sind. Mauer nennt hier als Beispiel Firmungen, Kirchenweihen und Visitationen. „Obwohl faktisch ein Bischof ohne Diözese, nahm Splett an der Eröffnung und den ersten Sitzungen des Zweiten Vatikanischen Konzils teil."

Am 5. März 1964 starb er in seiner Düsseldorfer Wohnung am Fürstenwall und wurde in der St. Lambertuskirche beigesetzt.

Eva-Maria Bast

So geht's zur Grabplatte:

Sie befindet sich in der St. Lambertuskirche, Stiftsplatz 7, nahe des Chors.

Toni-Turek-Denkmal

Fußballgott zum Anfassen

Als die deutsche Fußballnationalmannschaft am 4. Juli 1954 mit 3 : 2 über das schier übermächtige ungarische Team siegte und damit das erste Mal Fußballweltmeister wurde, war das vor allem *einem* Mann zu verdanken. Im strömenden Regen brachte Torhüter Toni Turek (1919-1984) mit seinen Paraden den Gegner zur Verzweiflung und ebnete den Weg für das „Wunder von Bern". Der Fußballreporter Herbert Zimmermann verpasste ihm in seiner legendären Rundfunk-Reportage den Beinamen „Fußballgott", und Turek und seine Mannschaftskollegen gingen in die Geschichte ein. Doch das ist lange her. Umso mehr freut sich Fortuna-Fan Thomas Bernhardt, dass sein Lieblingsverein noch heute die Erinnerung an diesen außergewöhnlichen Sportler aufrechterhält: mit einem Denkmal auf dem Gelände der Merkur Spiel-Arena oberhalb des dazugehörigen Bahnsteigs.

„Ich habe die gleiche Luft wie die Fußballer eingeatmet, ich bin nämlich in der Nähe des Flinger Broichs aufgewachsen", erklärt der Heimatkenner seine tiefe Verbundenheit mit der Fortuna. „Leider ist es ziemlich ruhig um unseren Toni Turek, wenn nicht gerade ein Spiel ansteht", bedauert er. Und selbst dann, wenn die Fans zu Tausenden auf die Ränge strömen, um ihrer „Fortuna" beim Siegen und Verlieren zuzusehen, bekommt das viereinhalb Meter große Denkmal zu wenig Aufmerksamkeit, findet er. „Ich bin mir ziemlich sicher, dass außer uns Fußballfans kaum ein Düsseldorfer weiß, dass es dieses Denkmal überhaupt gibt." Dabei ist es ein richtiger Hingucker, wie der Torhüter da in seinem Trikot, mit Stutzen und Fußballschuhen, lässig am Torpfosten – dargestellt von einer überdimensional großen „1" – lehnt und versonnen in die Ferne guckt. „Das war eine typische Pose von ihm. Wenn er im Tor nichts zu tun hatte, hat er es schon entspannt angehen lassen. Etlichen Kritikern war er damit zu lässig", interpretiert Thomas Bernhardt die Körperhaltung Tureks im Denkmal.

Egal, wie lässig sich die Bronzefigur auch an die Latte lehnen mag: In wichtigen Momenten war der echte Toni Turek immer hellwach.

Toni, der eigentlich auf den Namen Anton hörte, wurde am 18. Januar 1919 in Duisburg geboren. Hier lernte er nicht nur das Laufen, sondern auch das Fußballspielen, bevor er nach mehreren Zwischenstationen 1950 zu Fortuna Düsseldorf wechselte. „Da hatte der gelernte Bäcker bereits Krieg, Gefangenschaft und Spiele beim Duisburger TuS, Eintracht Frankfurt, sowie TSG Ulm hinter sich", sagt der Düsseldorfer. 133 Partien bestritt er in den folgenden sechs Jahren mit dem Verein in der Oberliga West, die damals die höchste Spielklasse war. Zwanzigmal stand er für die deutsche Nationalmannschaft im Kasten. „Turek war ein hervorragender Torhüter, der im richtigen Moment schnell reagierte und gleichzeitig mit einer stoischen Ruhe gesegnet war", erklärt Thomas Bernhardt schmunzelnd. So ist überliefert, dass sich Nationaltrainer Sepp Herberger (1897-1977) so manches Mal die Haare raufte, weil sein Keeper tiefenentspannt auf der Linie stehen blieb, während der Ball nur um Zentimeter Latte oder Pfosten verfehlte. Turek hielt dagegen, dass er allein anhand der Körperhaltung des Schützen erkennen könne, welche Flugbahn der Ball einschlagen werde.

„Turek war ein hervorragender Torhüter, der im richtigen Moment schnell reagierte und gleichzeitig mit einer stoischen Ruhe gesegnet war."

Doch für keine Partie und keine sportliche Leistung wurde er so gefeiert wie für die, die er am 4. Juli 1954 zeigte. Turek war mit seinen 35 Jahren als ältester Spieler des Turniers angetreten. Doch das tat seiner Leistung keinen Abbruch. Es ist vor allem der Reportage von Herbert Zimmermann zu verdanken, dass sich Toni Turek und sein Name für alle Zeiten in das kollektive Fußballgedächtnis der Bundesrepublik eingebrannt haben. „Die ungarischen Verteidiger rücken an, heben den Ball in den deutschen Strafraum, da ist Hidegkuti – drei Meter vor dem deutschen Tor – Schuss! Abgewehrt, abgewehrt zur Ecke! Turek, du bist ein Teufelskerl! Turek, du bist ein Fußballgott!", brüllte Zimmermann ins Mikrofon, um das Spiel mit den Worten zu beenden: „Gehalten von Toni – gehalten! Aus! Aus! Aus! Das Spiel ist aus!"

Unvorstellbar, dass derselbe Fußballer schon ein Jahr später erst wegen einer Verletzung seinen Stammplatz bei der Fortuna verlor und zum VfL Borussia Mönchengladbach wechselte, um wiederum ein Jahr darauf seine Karriere endgültig an den Nagel zu hängen. Dem Fußball blieb er trotzdem verbunden und arbeitete als Trainer, zunächst beim Fortuna-Nachwuchs oder bei verschiedenen Vereinen im Düsseldorfer Umland, aber auch als Angestellter bei der Rheinbahn. Denn im Gegensatz zu den soge-nannten Fußballgöttern im 21. Jahrhundert konnten Turek und seine Mannschaftskollegen vom Ruhm allein nicht leben. „Ich bedauere aber nicht, dass mir der Fußball nicht das ganz große Geld gebracht hat. Ich bin mir da mit Fritz Walter einig. Wir haben die schönere Zeit mitgemacht, hatten ein besseres kameradschaftliches Verhältnis untereinander als die Profis heute", sagte er mehrere Jahre später rückblickend.

Thomas Bernhardt ist begeisterter Fortuna-Fan.

Turek starb zwar schon am 11. Mai 1984 im Alter von 65 Jahren an einem Schlaganfall, vergessen haben ihn seine Fans aber noch lange nicht. Im Gegenteil. Seit 2012 heißt die Geschäftsstelle der Fortuna am Flinger Broich offiziell „Toni-Turek-Haus". Und seit dem 60. Jahrestag des „Wunders von Bern" steht der lebensgroße Toni vor der Arena. „Ich werde immer ganz ehrfürchtig, wenn ich zu ihm hinaufschaue", sagt Thomas Bernhardt.

Heike Thissen

So geht's zum Toni-Turek-Denkmal:

Die Bronzestatue des Fußballers steht vor der Merkur Spiel-Arena in der Arenastraße 1 oberhalb der Bahnhaltestelle.

Kletterhügel

Ein Spielgerät mit militärischer Vergangenheit

Auf den ersten Blick ist nichts Ungewöhnliches zu entdecken an diesem mit Gras bewachsenen Hügel im Lierenfelder Wickenweg. Die Erhebung ist Teil eines Spielplatzes inmitten des Wohngebiets, eine Rutsche und mehrere Klettergeräte sind darauf angebracht. Auf den zweiten Blick erscheint es dann doch eigenartig, dass sich an dieser Stelle in dem rundherum flachen Gelände eine solche Anhöhe befindet. „Beiderseits der Straße stehen gemütlich aussehende Häuser", sagt Hanno Parmentier über den Anblick, „nur am Ende, bevor die Straße in den Kornblumenweg übergeht, klafft auf der rechten Seite diese auffallende, recht merkwürdige Lücke, auf der sich der offenbar künstlich angelegte Hügel wie vom Mond gefallen quer ins Gelände schiebt." Der Journalist und Heimatkenner weiß, dass die Erhebung ursprünglich nicht Kindern dienen sollte, sondern Soldaten.

„Unter der Grasdecke befindet sich ein Sandberg, der Mitte des 19. Jahrhunderts von den preußischen Infanterieregimentern als Kugelfang genutzt wurde", lüftet Hanno Parmentier das Geheimnis des Kletterbergs. Genau hier, wo an warmen Tagen von morgens bis abends Kinderlachen zu hören ist, knallten vor mehr als 170 Jahren die Geschosse der Soldaten, die sich für den Ernstfall rüsteten und das Schießen übten. Damit ihre Munition nicht durch die Gegend flog, dienten Kugelfänge wie der im Wickenweg dazu, die Geschosse aufzufangen. Der Düsseldorfer ist sich sicher, dass Grabungen in dem Hügel mehrere Hundert Schuss Munition aus längst vergangenen Zeiten ans Tageslicht bringen würden. Doch was hat ein Kugelfang mitten in einem dicht bebauten Wohngebiet zu suchen?

Natürlich rein gar nichts, wie Hanno Parmentier erklärt: „Das Gebiet, auf dem heute Lierenfeld liegt, gehörte schon seit 1384 zur Stadt Düsseldorf. Die Gegend war waldreich und sumpfig. Zwar ist der Name Lierenfeld bereits seit 1395 bezeugt, einen regelrechten Ort hat

Heimatkenner Hanno Parmentier findet die Geschichte des Hügels hinter ihm faszinierend.

es hier in den Anfängen aber nicht gegeben: Noch 1855 wohnten hier lediglich 219 Leute." Von einer dichten Wohnbebauung, wie sie der Stadtteil im 21. Jahrhundert aufweist, war zu Zeiten der übenden preußischen Infanterieregimenter also noch nichts zu sehen. „Auf dem bis dahin weitgehend brach liegenden Gelände zwischen der Königsberger und der nach Eller führenden Erkrather Straße richtete die Militärverwaltung der Düsseldorfer Garnison 1847 einen Schießplatz als Übungsgelände für die Infanterieeinheiten ein, der bis 1876 bestand", fährt der Heimatforscher fort. Zum Schutz der wenigen umliegenden Häuser vor Querschlägern wurden hinter den Zielscheiben zwei Kugelfänge errichtet. „Das waren in der Regel durch Holzkloben stabilisierte Erdwälle. Und einer von diesen beiden hat sich bis heute erhalten", sagt der Journalist.

Es war unter anderem das in Düsseldorf stationierte Niederrheinische Füsilierregiment 39, ein Infanterieverband der Preußischen Armee, das hier den Umgang mit der Waffe für den Ernstfall probte. Von ihren Schießkenntnissen Gebrauch machen mussten die Soldaten unter anderem im Deutschen Krieg von 1866, in dem Preußen und seine Verbündeten gegen den Deutschen Bund unter der Führung Österreichs kämpften. Mit dem Ende dieser Auseinandersetzung wurde das gesamte Regiment in Düsseldorf stationiert. Zum Einsatz kamen die Männer vom Niederrhein aber auch im Deutsch-Französischen Krieg in den Jahren 1870 und 1871, als der Norddeutsche Bund zusammen mit seinen süddeutschen Verbündeten unter der Führung Preußens gegen Frankreich kämpfte.

Dieser Kletterhügel auf einem Spielplatz in Lierenfeld lädt zum Toben ein. Dass er einst einen militärischen Zweck erfüllte, sieht man ihm nicht mehr an.

„Mit der beginnenden Industrialisierung wandelte sich das Gesicht Lierenfelds und auch dieses Geländes dann aber", sagt Hanno

Parmentier, „das Militär musste weichen, auf dem Gelände wurde mit dem Wilhelm-Heinrich-Werk ein bedeutender Produzent von Drahtseilen angesiedelt." Die preußische Armee übte fortan an anderen Orten das Zielen und Treffen, so zum Beispiel in ihrem neuen Schießstand auf der Hochebene des Aaper Waldes bei Rath, dessen Spuren sich in Form von Gräben und Hügeln ebenfalls bis heute erhalten haben. „Die Kugelfänge in Lierenfeld wurden zwar nicht mehr benötigt, blieben aber in der Landschaft stehen. Erst nach dem Zweiten Weltkrieg wurde das Gelände allmählich überbaut und der zweite, südliche Kugelfang weitgehend eingeebnet. Der größere von beiden aber blieb bis heute erhalten", erklärt Hanno Parmentier und blickt auf den Kletterberg des Kinderspielplatzes.

„Die Kugelfänge in Lierenfeld wurden zwar nicht mehr benötigt, blieben aber in der Landschaft stehen."

Von der militärischen Vergangenheit ihres Kletterbergs ahnen die spielenden Kinder nichts. Und auch von den Erwachsenen aus dem Stadtteil weiß kaum jemand, was es mit dem Hügel einst auf sich hatte, hat Hanno Parmentier in Gesprächen mit Bekannten aus der Nachbarschaft festgestellt. „Wenn ich das erzähle und anhand eines Bildes erkläre, sind sie völlig perplex. Das ist ein richtiges Aha-Erlebnis", sagt er. Kein Wunder!

Heike Thissen

So geht's zum Kletterhügel:

Der Kletterhügel, der einst als Kugelfang diente, steht im Stadtteil Lierenfeld auf dem Spielplatz im Wickenweg.

34

Grab mit Hut

Zylinder, weißer Schal und silberne Fingernägel

Hüte sind heute weitgehend aus der Mode geraten. Menschen mit Hüten sieht man kaum auf den Straßen, höchstens im Sommer als Sonnenschutz – und selten mal im Winter, wenn der eine oder andere statt der Mütze eine etwas ausgefallenere Kopfbedeckung wählt. Zylinder für den Herrn sind erst recht so gut wie ganz aus dem Straßenbild verschwunden.

Auf dem Düsseldorfer Nordfriedhof gibt es jedoch ein Grab, das von einem solchen (echten?) Zylinder geziert wird. Und das hat nichts damit zu tun, dass der Mensch, der hier bestattet ist, zu einer Zeit starb, als Zylinder noch üblich gewesen wären. Nein, der hier Bestattete wurde erst im Jahr 2012 zu Grabe getragen und neben dem Zylinder zierte einst auch ein weißer Schal seine letzte Ruhestätte. „Kein Geringerer als Hanns Friedrichs, der Modezar Düsseldorfs, ist hier bestattet", klärt der Chef des Nordfriedhofs, Stefan Süß, auf. „Und sein Markenzeichen waren ein Zylinder und ein weißer Schal." Süß macht noch auf ein weiteres Detail am Grab des bekannten Modeschöpfers aufmerksam: „In der Grabmalgestaltung befindet sich das Initial des Verstorbenen. Es wurde aus vielen übergroßen Nähnadeln gearbeitet, mit denen er ja täglich zu tun hatte."

So ungewöhnlich der Grabschmuck ist, so ungewöhnlich war auch die Beerdigung des Hanns Friedrichs (1928-2012), der schon als Fünfjähriger auf der Bühne gestanden hatte, dann Schauspieler wurde, in den harten Kriegsjahren auf Schneiderei umsattelte, es zu großem Ruhm brachte und der sagte: „Ich mache keine Mode – ich ziehe Frauen an." Süß weiß: „Er hatte sich gewünscht, dass an seiner Beerdigung niemand in Schwarz kommen sollte. Frauen sollten seine Kleider tragen und Männer sich bunt anziehen." Der Trauerzug folgte einer großen schwarzen Kutsche, in der der Sarg des Modeschöpfers über den Friedhof gefahren wurde. „Das war etwas ganz Besonderes", sagt Stefan Süß, der bei der Beerdigung selbst anwesend war. „Kutschen,

Wenn er einen Hut aufhätte, würde er ihn lüften: Stefan Süß vor dem Grab mit Hut.

das kennen wir heute auf dem Friedhof nicht mehr. Früher, zur Gründungszeit 1884, war es aber ganz üblich. Es gibt eine Polizeiverordnung von 1905, in der steht, dass mindestens vierspännig zu Grabe getragen werden musste und dass jedes weitere Pferd sechs Mark kostete."
Mit der Kutsche wurden aber nur reiche Verstorbene zu ihrem Grab gebracht, weniger Betuchte wurden einfach auf einem Sargwagen transportiert. „In dieser Zeit war der Friedhof ohnehin streng nach Klassen aufgeteilt", sagt Stefan Süß. „Das kann man heute noch am so genannten Millionenhügel sehen, wo die Reichen quasi unter sich waren." In der Nähe des Millionenhügels ist auch der „Dior Düsseldorfs" bestattet, der häufig mit silbernen Fingernägeln anzutreffen war und sein Vermögen der HIV-Ambulanz für Kinder vermacht hat. Der Zylinder, der sein Grab ziert, war an der Trauerfeier zusammen mit einem weißen Schal an einem Kranz befestigt. Die Angehörigen haben den Zylinder anschließend am Grab angebracht, der Schal hat die Zeit nicht überdauert.

„In dieser Zeit war der Friedhof ohnehin streng nach Klassen aufgeteilt. Das kann man heute noch am so genannten Millionenhügel sehen, wo die Reichen quasi unter sich waren."

Wie Hanns Friedrichs es sich gewünscht hatte, folgte der Kutsche mit seinem Sarg eine Schar kunterbunt gekleideter Menschen. Allerdings fuhr Düsseldorfs Modezar „nur" zweispännig zu Grabe. Der Polizeiverordnung von 1905 wäre er also nicht gerecht geworden. Aber der Designer wurde ja auch erst im 20. Jahrhundert bestattet.

Eva-Maria Bast

So geht's zum Grab mit Hut:

Das Grab befindet sich auf dem Nordfriedhof, Am Nordfriedhof 1, im Feld 64.

Eine Straßenbahnrosette in der Kaiserswerther Straße.

35

Straßenbahnrosette

Hufgeklapper und quietschende Räder

Man kann sie an vielen Häusern in Düsseldorf in etwa sechs Metern Höhe weit oben an den Fassaden entdecken: merkwürdige Eisenrosetten, an denen sich kleinere oder größere Haken oder Ösen befinden. So unscheinbar sie sind, so bedeutsam waren sie einst, denn ohne sie hätte die elektrische Straßenbahn nicht durch Düsseldorf fahren können. Die Geschichte reicht aber noch weiter zurück: Sie beginnt im Jahr 1876, als die erste Straßenbahn, damals noch als Pferdebahn, durch Düsseldorf fuhr.

Betreiber ebenjener Pferdebahn war der Belgier Leopold Boyaert. Die Stadt erteilte ihm eine – allerdings auf 25 Jahre befristete – Konzession, die ihn dazu verpflichtete, dass die Linien im 15-Minuten-Takt befahren werden. Ganze 12 km/h Geschwindigkeit wurden seinen Fahrzeugen seitens der Stadt zugestanden. Der Unternehmer ging

damit ein ziemliches Risiko ein: Laut Vertrag würde die Bahn mit allen zugehörigen Infrastruktureinrichtungen nach Ablauf der Konzession nämlich an die Stadt fallen. Obendrein war er gut beraten, sich ordentlich anzustrengen: Sollte die Stadt nicht zufrieden sein, durfte sie die Stilllegung der Bahn und den Rückbau verfügen.
Nun, Leopold Boyaert strengte sich an. Sehr sogar. Schon im Februar 1876 eröffnete er die ersten beiden Strecken: Vom Burgplatz durch die Kasernenstraße zum Bahnhof der Bergisch-Märkischen Eisenbahn-Gesellschaft (BME) fuhr die erste Linie. Und vom Burgplatz durch die Mühlenstraße und Schadowstraße zur Tonhalle die zweite. Kurz darauf ging die dritte Linie an den Start: Sie führte über die heutige Königsallee zum Bahnhof der BME. Auf 2,65 Kilometern fuhren Boyaerts Pferdebahnen nun durch Düsseldorf. Ein Jahr später verkehrte die Bahn des fleißigen Unternehmers schon auf 11,12 Kilometern.

Doch vier Jahre später kam es zum Streit: Boyaert hatte der von ihm gegründeten „Societe Anonyme de Tramways de Düsseldorf", deren Vorsitz er innehatte, die Konzession übertragen. Das passte der Stadt nicht. Obendrein wünschte sie, die Strecken sollten schneller ausgebaut werden. Die Gesellschaft beanstandete allerdings ihrerseits, dass zu wenig Geld hängen bliebe. Das Ende vom Lied: Die Stadt beauftragte einen anderen Unternehmer mit dem Bau einer neuen Strecke. Boyaert klagte und goss damit Öl ins Feuer: Nun war die Stadt erst recht verschnupft, übernahm, wie sie sich das bei der Konzessionsvergabe als Möglichkeit ausbedungen hatte, die Bahn am 1. Juli 1892 und verpachtete sie sodann an Wilhelm August von Tippelskirch, den Direktor der Koblenzer Pferdebahn. Der war ebenfalls ein emsiger Unternehmer und baute weiter aus, sodass sich das Pferdebahnnetz 1898 auf stolze 23,7 Kilometer erstreckte, im Fünf-Minuten-Takt verkehrte und einen Fuhrpark von 88 Wagen und 370 Pferden umfasste.

Und dann wurde elektrifiziert, womit man auch in Düsseldorf dem Trend der damaligen Zeit folgte. Am 27. Januar 1896 fuhr die erste elektrische Straßenbahn durch die Stadt. Oder besser: Sie hätte durch die Stadt fahren sollen, manch ein Düsseldorfer Hausbesitzer rümpfte jedoch pikiert die Nase und hielt so gar nichts davon, seine Hauswand mit einer als Halterung des Stromnetzes notwendigen Rosette – eben einer solchen, wie sie heute noch in der Stadt zu finden sind – zu versehen. Deshalb fuhr die Elektrische vorerst außerhalb der Bebauung, war dann aber so erfolgreich, dass alle Straßenbahnen elektrifiziert wurden und sich die Hausbesitzer dem Zeitgeist beugen mussten. Für stolze 3,2 Millionen Mark wurde die 28,8 Kilometer lange Strecke elektrifiziert. Am 1. Juli 1900 ging sie an den Start und die Pferdebahn stellte ihren Dienst ein – die Tiere durften künftig in ihren Ställen bleiben. Und die Elektrische kam gut an: 23,1 Millionen Fahrgäste transportierte sie im ersten Jahr ihres Bestehens!

Im Ersten Weltkrieg (1914-1918) geriet die Düsseldorfer Straßenbahn in eine Krise: Die Fahrten wurden auf etwa die Hälfte reduziert und die Bahnen verkehrten fortan im Zehn-Minuten-Takt, manche Linien wurden sogar eingestellt. Der Fahrpreis stieg, und auch nach Kriegsende wurde es nicht besser, im Gegenteil: Nun war es die Inflation, die der Bahn stark zusetzte. Rettung brachte der Zusammenschluss mit der Rheinbahn – und die hatte für Düsseldorf eine weitaus größere Bedeutung als „nur" die verkehrliche Anbindung. Doch das ist eine andere Geschichte, die wir ab Seite 167 erzählen.

Eva-Maria Bast

So geht's zur Straßenbahnrosette:

Wer wachen Blicks durch die Stadt geht, kann sie an vielen Hauswänden in etwa sechs Metern Höhe entdecken – zum Beispiel in der Kaiserswerther Straße.

36

Gallberg

Hinrichtungsstätte für Verbrecher und Hexen

Der Gallberg in Ludenberg gehört zu den besonders idyllischen Adressen in Düsseldorf. Doch wer sich genauer damit beschäftigt, woher das Sträßlein, das von der Bergischen Landstraße abzweigt, eigentlich seinen Namen hat, für den bekommt die Idylle ein paar tiefe Risse. Denn „Gallberg" leitet sich von *Galgenberg* ab, und genau das ist es, was die Anhöhe oberhalb von Gerresheim jahrhundertelang war: der Ort, an dem die Hinrichtungen stattfanden.

„Lange haben wir das nur geahnt, waren uns aber nicht zu hundert Prozent sicher. Dann habe ich eine Karte aus dem Jahr 1800 entdeckt, auf der ein Schleichweg als ‚Weg zur Hinrichtungsstätte' bezeichnet ist, und seither haben wir Gewissheit", sagt Peter Stegt, Lehrer und Historiker, der sich mit dem Gallberg allgemein und mit dem Hexenprozess, dessen Urteil dort vollstreckt wurde, ganz besonders auseinandergesetzt hat. Vieles habe schon vor seinem Fund dafür gesprochen, dass der Gallberg der Ort manch grausamen Schauspiels hätte sein können: Er lag auf einem Plateau an einer Wegkreuzung außerhalb der Stadt und sei von allen Seiten gut einzusehen gewesen. „Vorbeikommende sollten den Galgen schließlich als Warnung verstehen", erklärt der Gerresheimer die Hintergründe.

> ***„Lange haben wir nur geahnt, waren uns aber nicht zu hundert Prozent sicher. Dann habe ich eine Karte aus dem Jahr 1800 entdeckt, auf der ein Schleichweg als ‚Weg zur Hinrichtungsstätte' bezeichnet ist, und seither haben wir Gewissheit."***

Schon im 14. Jahrhundert, so vermutet Peter Stegt, hätten Hinrichtungen auf dem Gallberg stattgefunden. „Wann genau die erste war, lässt sich nicht mehr sagen, aber das war mit Sicherheit, nachdem das Stift Gerresheim die Gerichtsbarkeit erhalten hatte und Gerresheim 1368

Heute lässt sich auf dem Gallberg herrlich spazieren gehen. Doch noch im 18. Jahrhundert fanden hier Hinrichtungen statt.

zur Stadt erhoben wurde", rechnet er nach. Von da an stand dort auf der Anhöhe ein großer Galgen, an dem bis Mitte des 18. Jahrhunderts Menschen entweder verbrannt oder erhängt wurden. Nicht selten kam es vor, dass die Leichen noch Tage nach ihrer Hinrichtung am Strick baumelten – zur Abschreckung.

Mag das Datum der ersten Hinrichtung auch im Dunkeln liegen, über eine ganz besondere hat Peter Stegt sämtliche Quellen zusammengetragen und ausgewertet. „Hier fand die letzte Hexenverbrennung am Niederrhein statt", ist er überzeugt. Die Kurzversion der Geschichte geht so:

„Im Herbst 1736 fuhr die damals 14-jährige Helene Curtens dreimal mit ihrem Vater in den Wallfahrtsort Kevelaer."

„Im Herbst 1736 fuhr die damals 14-jährige Helene Curtens dreimal mit ihrem Vater in den Wallfahrtsort Kevelaer. Offenbar war sie krank und er hoffte, sie durch seine Fürbitten dort heilen zu können", beginnt Peter Stegt zu erzählen. Doch die Reise in den knapp 60 Kilometer Luftlinie entfernten Ort verlief offenbar nicht reibungslos. Die Pferde scheuten mehrmals und nach ihrer Rückkehr erzählte Helene verschiedenen Mägden und Nachbarn, sie hätte auf dem Weg „den Schwarzen" getroffen. Von ihm hätte sie Zaubertücher geschenkt bekommen, mit denen sie nun Mäuse zaubern könne. Bis heute ist nicht geklärt, warum. Vielleicht litt sie unter geistiger Zurückgebliebenheit, vielleicht war sie psychisch krank. Fest steht jedoch, dass die Menschen, denen sie sich anvertraute, das Geschilderte nicht für sich behielten, sondern es weitertrugen – bis Richter Johann Wyrich Sigismundt Schwarz (geb. 1676) Anfang 1737 davon erfuhr.

„Er lud Helene zum Verhör vor. Dabei bestätigte sie ihm, alles sei wahr, was er gehört habe", fährt der Historiker in der Geschichte fort. Sie schilderte den Beischlaf mit dem Satan und beschrieb sein Geschlechtsteil, außerdem gestand sie die Schändung einer Hostie. Bei der in solchen Verhören üblichen Frage, ob sie noch andere Hexen kenne, bejahte sie. Das war das Todesurteil für die Nachbarin Agnes Olmans. Denn Helene wollte sie dabei beobachtet haben, wie sie und ihre Töchter sich zusammen mit dem Teufel in Katzen verwandelten.

„Für seine Zeit war Schwarz ein vergleichsweise moderner Richter. Er hörte viele Zeugen an, holte sich eine fachkundige Gutachterin in Person einer berufserfahrenen Hebamme und zweifelte immer wieder an dem, was ihm da zu Ohren kam", erklärt Peter Stegt. Schwarz kommentierte die Untersuchungsergebnisse kritisch und suchte nach natürlichen Erklärungen für das, was ihm als etwas Teuflisches geschildert wurde.

Die Ideen der Aufklärung hatten sich bisher noch nicht durchgesetzt. Schwarz und seine Juristenkollegen waren sich in jenen Jahren noch nicht vollkommen sicher, ob es Hexerei gibt oder nicht. Also musste der Jurist am Ende seiner Voruntersuchung zu dem Ergebnis kommen, dass die beiden Frauen sich des Teufelspakts, der Absagung von Gott und der Hexerei schuldig gemacht hätten und deshalb ein Prozess eingeleitet werden müsse.

Das geschah in Düsseldorf, wohin Helene Curtens und Agnes Olmans gebracht wurden.

Ihr Schicksal lag nun in den Händen von Hofrat Eckarth. Während die Jugendliche weiterhin geständig blieb, bestand die Erwachsene darauf, keine Hexe zu sein. Doch unzählige „Beweise" sprachen gegen sie. Also griff Eckarth zur Folter durch Spanische Stiefel: Er ließ Agnes Olmans Beinschrauben anlegen, und so dauerte es nur wenige Sekunden, bis sie alles „gestand", was er hören wollte: Sie sei nach einem Streit mit ihrem Mann den Teufelsbund eingegangen und habe die Zauberei erlernt, rief sie unter Höllenqualen den Inquisitoren zu.

Hier geht es hinauf zum Gallberg.

„Weil Helene Curtens von Anfang an geständig war, sollte sie vor ihrer Verbrennung auf dem Scheiterhaufen getötet werden. Und weil Agnes Olmans am Ende doch noch gestanden hatte, milderte man auch ihre Strafe. Der Hofrat empfahl nämlich, ihr einen Sack Pulver um den Hals zu hängen, um den Tod zu beschleunigen", erklärt Peter Stegt.

Am 19. August 1738 fand die öffentliche Hinrichtung statt. Dafür, dass reichlich Publikum zugegen war, hatte Richter Schwarz zwei Tage zuvor mit einem Rundschreiben an die Gemeinden gesorgt, mit der Empfehlung, sie sollten ihre Schäfchen „zur Warnung" zu dem Schauspiel schicken. Was genau dann an jenem Dienstag auf dem Gallberg passierte, darüber schweigen die Quellen. Erhielt Helene Curtens die Gnade, die ihr zuteilwerden sollte? Starb Agnes Olmans dank des Schießpulvers um ihren Hals einen schnellen Tod? Oder verbrannte sie bei vollem Bewusstsein? Diese Fragen werden für immer unbeantwortet bleiben.

Ziemlich sicher ist sich Peter Stegt hingegen, dass dies der einzige *Hexen*prozess war, dessen Urteil auf dem Richtplatz oberhalb von Gerresheim vollstreckt wurde. „Jedenfalls ist kein anderer überliefert", sagt er. Wie lange auf der Anhöhe Menschen aus anderen Gründen gehängt oder verbrannt wurden, ist nicht ganz klar. Einziger Anhaltspunkt ist die historische Karte, die Peter Stegt gefunden hat: Da ist zwar der Schleichweg als „Weg zur Hinrichtungsstätte" bezeichnet, die Gegend sieht heute jedoch ziemlich idyllisch aus.

Heike Thissen

So geht's zum Gallberg:

Die Straße „Am Gallberg" zweigt im Stadtteil Ludenberg von der Bergischen Landstraße ab. Von Gerresheim kommend, ist sie die erste Abzweigung im Ort nach links.

Die Straße ist nach einem Widerstandskämpfer benannt.

37

Straßenschild

Im Widerstand gegen die Nationalsozialisten

„Das war mein Onkel", sagt Dorothee Spelberg und deutet zu dem Straßenschild hinauf, auf dem *Leo-Statz-Straße* geschrieben steht. Sie steht in der Siedlung Golzheim, die von den Nationalsozialisten anlässlich der Ausstellung „Schaffendes Volk" 1937 als Mustersiedlung gebaut worden war. Dorothee Spelbergs Onkel war aber keinesfalls ein Nazi – sondern ein Nazi-Gegner.

„Nach dem Krieg wurden die ursprünglich nach Nazigrößen benannten Straßen nach Widerstandskämpfern umbenannt", erklärt sie. „Die Leo-Statz-Straße trug im Dritten Reich den Namen Hans-Erich-Rickmers-Straße. Dieser war NSDAP-Mitglied der ersten Stunde, nahm am Hitler-Putsch 1923 in München teil und wurde beim Marsch auf die Feldherrenhalle von der bayerischen Polizei erschossen.“

Und nach dem Krieg kam die Umbenennung in *Leo-Statz-Straße*. Bevor die Gästeführerin über ihren Onkel erzählt, möchte sie zunächst noch auf die Geschichte der Siedlung eingehen: „Die Nazis legten Wert auf Einheitlichkeit. Zum Beispiel mussten die Grundstücke mit niedrigen weißen Mauern umfriedet werden, die ja heute noch zu sehen sind, auch gab es Vorschriften hinsichtlich Fassadenanstrich und Dachneigung. Die Bewerber mussten verheiratet sein und während der Ausstellung durfte keine Wäsche im Garten hängen. Teppichklopfen war auch nicht erlaubt.“

„Die Bewerber mussten verheiratet sein und während der Ausstellung durfte keine Wäsche im Garten hängen.“

Zu jener Zeit, als die neuen Bewohner in ihre Häuser zogen, 1937, war der Mord an Leo Statz‘ Cousin Erich Klausener (1885-1934), nach dem nahe der Golzheimer Siedlung ebenfalls eine Straße benannt ist, drei Jahre her: Die Nationalsozialsten hatten ihn 1934 im Zuge der Röhm-Affäre ermordet. Der katholische Politiker war 1924 Ministerialdirektor im Preußischen Ministerium für Volkswohlfahrt geworden und hatte 1926 zum preußischen Innenministerium gewechselt. Dort hatte er die Leitung der Polizeiabteilung übernommen. Nach ihrer Machtübernahme versetzten ihn die Nazis 1933 ins Reichsverkehrsministerium. Klausener, der schon seit 1928 die Nationalsozialisten öffentlich kritisiert hatte, sprach sich ab 1933 öffentlich gegen deren antikirchliche Politik aus. So auch am 24. Juni beim Katholikentag im Hoppegarten. Dieser Auftritt galt später als Hauptmotiv für seine Ermordung. Auch hatte er vor 1933, als er noch im Preußischen Innenministerium tätig war, mehrere Polizeieinsätze gegen Nationalsozialisten verantwortet.

Im Jahr der Ermordung Erich Klauseners legten die Nazis auch eine Akte zu seinem Cousin Leo Statz an: Der begeisterte Narr – Statz war Präsident des Karnevalsausschusses der Stadt Düsseldorf und der Prinzengarde – geriet zum Beispiel wegen des Karnevalslieds *Duze, Duze, Duze mich* mit den Nazis in Streit. „Viele sangen das Lied anders: Duce, Duce, Duce mich – in Anspielung auf Mussolini“, sagt Dorothee

Spelberg. Außerdem habe ihr Onkel sich über den mangelnden Mut der Deutschen beschwert und gesagt: „Die Braunen haben es leicht mit uns [...]. Wir haben keine Courage. Eine Straßenbahn-Uniform bringt in Deutschland einen ganzen Wagen voller Menschen zum Strammstehen."

Am 1. September 1943 wurde Statz schließlich verhaftet. „Er war zu diesem Zeitpunkt Direktor bei der Birresborner Mineralbrunnen AG und wurde von seinen Mitarbeitern angezeigt", sagt Dorothee Spelberg. Der Vorwurf: Statz hatte schwerverletzten Soldaten in einer Wehrmachtskaserne gesagt, dass sie sich keineswegs für das deutsche Volk, sondern ausschließlich für Adolf Hitler kaputtschießen ließen. Sie hätten, so erklärte Statz, einen fröhlichen Optimismus, wenn sie annähmen, als Schwerversehrte durchs Leben zu kommen. Wegen dieser „Zersetzungspropaganda", wie die Nazis es nannten, wurde er zum Tode verurteilt und am 1. November 1943 im Zuchthaus Brandenburg-Görden enthauptet.

„In unserer Familie haben wir immer voller Respekt über diese beiden Onkel gesprochen", sagt Dorothee Spelberg. Sie freut sich, dass in der einstigen Nazisiedlung durch die Umbenennung der Straßen daran erinnert wird, dass es Menschen gab, die versuchten, sich gegen die Übermacht des Schreckensregimes zu erheben. Und ist schon ein wenig stolz darauf, dass zwei dieser Menschen ihre Onkel waren.

Eva-Maria Bast

So geht's zum Straßenschild:

Das Straßenschild für Leo Statz steht in der 20 Hektar großen Golzheimer Siedlung zwischen Rotterdamer und Kaiserswerther Straße und dem Reeser Platz. Die Erich-Klausener-Straße befindet sich nicht weit entfernt zwischen Danziger Straße und Kaiserswerther Straße.

Ofenrohr

Joseph Beuys macht Dampf!

Das sieht aber komisch aus! Wer die Fassade der Kunsthalle aufmerksam betrachtet, kommt nicht umhin, ein kleines Stück schwarzes Rohr zu bemerken, das aus der Hauswand ragt. Ist den Düsseldorfern nichts Besseres eingefallen, als den Rauchabzug der Kunsthalle aus der Wand zu führen? Doch schnell wird klar, dass es sich nicht um einen Kaminabzug handeln kann: Das Rohrstück ist viel zu kurz und zu dünn.

Stadtarchivar Dr. Benedikt Mauer weiß, dass es sich tatsächlich nicht um einen Schornstein handelt, sondern – bei einer Kunsthalle irgendwie logisch – um Kunst. Und zwar von keinem Geringeren als Joseph Beuys (1921-1986): „1981 installierte er dieses Metallstück im Rahmen der Ausstellung *Schwarz* unter dem Titel *Loch* und vermachte es hernach der Stadt Düsseldorf", hat Benedikt Mauer recherchiert und erläutert: „Das ist insofern besonders bemerkenswert, als er ein sehr schwieriges Verhältnis zur Kunsthalle hatte und noch im Jahr ihrer Fertigstellung den sofortigen Abriss forderte." Beuys habe die „minderwertige Architektur" so gar nicht gefallen. Diese Ansicht teilten viele Düsseldorfer.

> ***„1981 installierte er dieses Metallstück im Rahmen der Ausstellung* Schwarz *unter dem Titel* Loch *und vermachte es hernach der Stadt Düsseldorf."***

Ganz anders als Beuys, trauerten etliche Bürger obendrein dem Vorgängerbau nach, diesem Stein gewordenen Paradebeispiel überbordender wilhelminischer Architektur mit Reliefs, Säulen, Mosaiken und Wandgemälden. Mauer weiß, dass es nicht nur die Sehnsucht nach diesem Prachtbau war, die die Düsseldorfer verärgerte. „Man hätte dieses im Krieg beschädigte Gebäude problemlos wiederaufbauen können und nutzte es auch bis zur Eröffnung der jetzigen Kunsthalle. Aber aus Sicht der Nachkriegsstädteplaner passte es eben nicht mehr

Dr. Benedikt Mauer weiß: Hinter diesem Rohr steckt eine spannende Geschichte.

ins Stadtbild und schien entbehrlich", schildert der Stadtarchivar die Gründe für den Neubau, der am 30. April 1967 eröffnet wurde.

Da in der Kunsthalle Düsseldorf vornehmlich zeitgenössische Kunst gezeigt wird, findet Benedikt Mauer, dass die Architektur irgendwie passt. Sie komme im Stil des „béton brut" sehr dominant und wuchtig daher. In die Umgebung fügt sie sich allerdings nicht unbedingt ein: „Einen größeren Kontrast als den zwischen diesem Musentempel und dem Gotteshaus der barocken Andreaskirche gleich gegenüber kann man sich kaum denken." Und genau das habe bei zahlreichen Bürgerinnen und Bürgern zu Kritik geführt – und bei Beuys, dem die neue Kunsthalle auch nicht gefiel. „Ob er mit dem *Ofenrohr* zumindest ein ganz klein wenig *Kunst am Bau* beisteuern wollte, bleibt ungeklärt", sagt der Stadtarchivar schmunzelnd.

„Einen größeren Kontrast als den zwischen diesem Musentempel und dem Gotteshaus der barocken Andreaskirche gleich gegenüber kann man sich kaum denken."

Als Beuys das Ofenrohr schuf, hatte sich der Künstler nach jahrelangem Rechtsstreit gerade in einem Vergleich mit dem Land Nordrhein-Westfalen geeinigt: 1961 war er dort auf den Lehrstuhl für *Monumentale Bildhauerei* der Staatlichen Kunstakademie Düsseldorf berufen worden – und diesen Auftrag nahm er ernst. So ernst, dass er alle Menschen, die den Wunsch hatten, Kunst zu studieren, auf ihrem Weg begleiten wollte, auch jene, die dem Numerus Clausus nicht genügten oder deren Mappen nicht gut genug waren. Er wollte nicht, dass Menschen vom Studium ausgeschlossen werden, und tat dies unumwunden kund. Mehr noch: Der streitbare Künstler machte Nägel mit Köpfen und nahm alle von seinen Kollegen abgelehnten Bewerber in seine Klasse auf. Das Wissenschaftsministerium war damit allerdings gar nicht einverstanden und gab starken Gegenwind. Beuys trotzte. Mehrmals besetzte er mit seinen Studenten das Sekretariat der Kunstakademie Düsseldorf, bis ihn Johannes Rau (1931-2006), damals Wissenschaftsminister und später Bundespräsident, nicht nur fristlos entließ, sondern auch Polizeibeamte einsetzte, die dafür sorgen sollten, dass der unbequeme Professor auch wirklich geht.

Die Studenten waren ganz und gar nicht einverstanden mit der Entlassung ihres streitbaren Idols. Sie reagierten mit Hungerstreiks, einem dreitägigen Vorlesungsboykott, Unterschriftenaktionen und Transparenten, auf denen etwa stand: „1000 Raus ersetzen noch keinen Beuys". Der Presserummel war enorm, Künstlerkollegen wie Heinrich Böll (1917-1985) oder Günther Uecker machten sich in einem Offenen Brief für Beuys' Wiedereinsetzung stark. Und tatsächlich, er kehrte zurück, im Oktober 1973, ein Jahr nachdem er von der Polizei aus der Kunstakademie abgeführt worden war. Bekannt wurde dieser Moment als „Heimholung des Joseph Beuys".

Mit diesem Ofenrohr machte Künstler Joseph Beuys Dampf.

Eitel Sonnenschein war damit aber noch nicht: Der Künstler klagte gegen das Land Nordrhein-Westfalen, ein jahrelanger Rechtsstreit folgte, 1980 einigte man sich in einem Vergleich, dass Beuys bis zum 65. Geburtstag sein Atelier behalten und obendrein den Professorentitel weiter führen dürfe, das Arbeitsverhältnis aber aufgelöst werde. Ein Jahr später brachte er das Ofenrohr an der Kunsthalle an. Wenn auch nie Rauch durch selbiges drang: Joseph Beuys machte Düsseldorf immer noch Dampf.

Eva-Maria Bast

So geht's zum Ofenrohr:

Es ragt aus der Fassade der Kunsthalle heraus, besonders gut kann man es vom Kay-und-Lore-Lorentz-Platz aus erkennen.

Melanie Florin sitzt auf den letzten verbliebenen Steinen einer Burgruine, die einst zum Düsseldorfer Zoo gehörte.

39

Ruine

Vergebliche Suche nach dem Zoo

Es soll tatsächlich schon vorgekommen sein, dass Touristen auf der Suche nach einem Tierpark durch Düsseltal irrten. Das ist gar nicht so abwegig, immerhin trägt der Stadtteil auch den Namen „Zooviertel", es gibt einen „Zoopark", eine S-Bahn-Haltestelle namens „Zoo" und viele Geschäfte, die sich den Beinamen „am Zoo" gegeben haben. Nur einen veritablen Zoo, den sucht man hier vergebens. „Das war bis zum Zweiten Weltkrieg anders, doch das wissen viele Düsseldorfer nicht mehr", sagt Kunsthistorikerin Melanie Florin. Tatsächlich konnte die Stadt fast sieben Jahrzehnte lang einen Tiergarten vorweisen. „Von den dazugehörigen Bauwerken ist nicht mehr viel geblieben. Doch diese Ruine hier gehört zu den wenigen Relikten“, erklärt sie, deutet auf mehrere Mauern aus Backsteinen und fügt hinzu: „Genau genommen handelt es sich um die Ruine einer Ruine.“

Wie es dazu kam, ist eine Geschichte, die gar nicht so viel mit Tierliebe und -schutz zu tun hat, sondern viel mehr mit Landschaftsarchitektur. „Alles fing mit einer Geflügel-Ausstellung des Tierschutzvereins Fauna an. Das war im Jahr 1874. Die scheint so gut gelaufen zu sein, dass die Generalversammlung des Vereins kurz darauf beschloss, einen zoologischen Garten in der Stadt zu errichten“, erzählt die Düsseldorferin, die sich für eine Publikation ausführlich mit dem Thema beschäftigt hat. Die neu gegründete „Aktiengesellschaft Zoologischer Garten“ kaufte 42 Morgen Ackerland in Düsseltal und begann mit der Planung, unterstützt vom Berliner Zoodirektor Dr. Heinrich Bodinus (1814-1884) und dem Gärtner von Schloss Benrath, Friedrich Hillebrecht (1846-1918).

Letzterer plante die Anlage als Landschaftsgarten und modellierte die ursprünglich ebene Fläche durch Erdaufschüttungen neu. Er ließ zwei miteinander verbundene Teiche anlegen und an ihrem Ufer ein Restaurant bauen. „Was die Tiere und ihre Gehege anging, war der Zoo wohl nicht sonderlich spektakulär. Aber nach allem, was auf Fotos und in Beschreibungen überliefert ist, bestand er aus einer wunderschönen Anlage“, fasst Melanie Florin zusammen. Das Wahrzeichen des Zoos, eine Burgruine in Originalgröße, befand sich auf dem Hügel nördlich der Wasserbecken. Ihr Bau kostete 80.000 Goldmark und sie war ein typisches Beispiel für das romantische Landschaftsideal des 19. Jahrhunderts. Schon bei ihrer Fertigstellung sah sie absichtlich so aus, als hätte sie ihre besten Jahre bereits hinter sich gebracht. Abgesehen von diesem nostalgischen Flair verschaffte sie den Besuchern mit ihrem Bergfried auch einen hervorragenden Blick auf die Umgebung und eignete sich vermutlich bestens für die Kinder zum Spielen und Toben. „Das, was heute noch zu sehen ist, sind die Grundmauern dieses Turms“, erklärt Melanie Florin.

Der Zoo war als Park zum Lustwandeln angelegt, als grüne Oase mitten in der Stadt. Denn er entstand in einer Zeit, als Düsseldorf auf dem besten Weg war, eine Großstadt zu werden. Die Industrialisierung war in vollem Gange, die Bevölkerungszahlen nahmen sprunghaft zu und Mietshäuser schossen aller Orten aus dem Boden – auch in den Stadtteilen, in denen es bislang eher beschaulich zugegangen war. Kein Wunder, dass sich die Städter nach Parks sehnten, in denen sie von Natur umgeben waren.

Am 31. Mai 1876 öffnete der Tiergarten das erste Mal für die Düsseldorfer seine Tore. Zu sehen waren rund 200 Tiere, darunter exotischere Arten wie Affen, Elefanten und Antilopen, Zebras, Bären und Raubtiere, aber auch einheimische Tiere wie Hühner, Fasane, Hirsche und Kolkraben. Doch so sehr die Düsseldorfer ihre Spaziergänge im Zoo auch genossen, ein Unternehmen, das Gewinne erwirtschaftete, wurde der Tiergarten nie. Kaum ein Jahr verging, in dem er keinen Zuschuss benötigte.

Also übernahm die Stadt die Anlage 1905. Unter der Auflage, dass erstere den Zoo nun dauerhaft erhalten würde, schoss die Scheidt-Keim-Stiftung dafür 500.000 Mark zu. Doch zehn Jahre später tobte bereits der Erste Weltkrieg und ein großer Teil des Tierbestands starb an Unterernährung. Die französische Besatzungsmacht beschlagnahmte das Zoo-Restaurant. Davon ließen sich die Düsseldorfer jedoch nicht schrecken und bauten ihren Tiergarten wieder auf, offenbar mit so großem Erfolg, dass er 1927 zu den führenden Anlagen seiner Art in Deutschland gehörte, wie einer Werbung zu entnehmen ist. Aber der Erfolg dauerte nicht lange, denn der nächste Weltkrieg stand bereits vor der Tür und sollte im November 1943 die endgültige Zerstörung bringen.

Als die Fliegerbomben der Alliierten über dem Düsseltal und dem Zoogelände niedergingen, war ein Großteil der Tiere bereits tot. Wegen Versorgungsengpässen waren zum Beispiel ein Seelöwe verhungert und mehrere Affen an Erkältungskrankheiten gestorben. Außerdem hatte Hermann Göring (1893-1946) in seiner Funktion als Reichsforstmeister 1940 einen Räumungsbefehl für die Zoos in Düsseldorf, Köln, Wuppertal, Duisburg und Münster erlassen und angeordnet, sie sollten sich von ihren Großtieren trennen. Also wurden am 17. Mai fünf Löwen, zwei Panther, drei Eisbären und sechs Braunbären erschossen. Bei Luftangriffen vom 16. Juni und 3. November 1943 starben mehr als 100 Tiere. Und auch am 2. November 1944 gingen mehr als 100 Sprengbomben über dem Tiergarten nieder, die das, was noch davon übrig war, vernichteten. „Es gibt Aufzeichnungen des berühmten Architekten Helmut Hentrich, der beschreibt, wie er einen Freund im Zooviertel besuchen wollte, als ein Rudel Huftiere seinen Weg kreuzte und weitere Exoten in den Bäumen lautstark nach Futter verlangten. Und ein anderer Bericht handelt davon, wie Elefanten vor einem Feuer geflohen sind", hat Melanie Florin bei ihren Recherchen herausgefunden.

„Es gibt Aufzeichnungen des berühmten Architekten Helmut Hentrich, der beschreibt, wie er einen Freund im Zooviertel besuchen wollte, als ein Rudel Huftiere seinen Weg kreuzte und weitere Exoten in den Bäumen lautstark nach Futter verlangten."

Sieben Jahrzehnte nach seiner Eröffnung war der Düsseldorfer Zoo Geschichte. Denn aufgebaut wurde er nicht mehr, stattdessen entstand auf seinem Areal ein Naherholungsgebiet. Auch ohne exotische Tiere erfüllt der Zoopark noch heute den Zweck, den Düsseldorfern eine grüne Oase inmitten der Stadt zu bieten.

Löwen, Eisbären und Elefanten sucht man hier inzwischen vergebens. Dafür halten Enten, Gänse und Schwäne zusammen mit Eichhörnchen und Kaninchen die Stellung. Von der Ruine der Burgruine aus lassen sie sich hervorragend beobachten – ganz ohne eingezäuntes Gehege.

Heike Thissen

So geht's zur Ruine:

Die Reste der Burgruine stehen im Zoopark zwischen Brehm-, Gruner-, Mathilden- und Faunastraße auf dem Hügel nördlich der beiden Weiher.

In diesem Mausoleum hat Stefan Süß einst eine Überraschung erlebt.

40

Mausoleum

Große Liebe zu einer Katze

Hochherrschaftlich erhebt sich das Mausoleum nahe des Haupteingangs auf dem Friedhof. Vier Säulen enden in kunstvoll gearbeiteten Kapitellen, der Sandstein hebt sich hell vom dunklen Hintergrund der Tannen ab. Wer wurde hier wohl einst zu Grabe getragen? „Drei Menschen, die Neeland hießen", sagt Friedhofsleiter Stefan Süß. Mehr als den Namen und dass es eine Verbindung nach Berlin gab, weiß er nicht – und wenn *er* nicht mehr weiß, weiß es wohl niemand. Stefan Süß ist wie ein wandelndes Lexikon, was den Nordfriedhof angeht, aber „zu diesem Mausoleum konnten wir außer den Nachnamen der hier Bestatteten nichts herausfinden, und als die Nutzungszeit abgelaufen war, fiel das Mausoleum an die Friedhofsverwaltung zurück", sagt er.

Nach langer Suche habe man eine Nachfahrin im niederländischen Den Haag finden können, doch die habe sich nie zurückgemeldet. „Also haben wir neue Paten für das Mausoleum gesucht, Menschen, die sich darum kümmern." Dazu mussten zunächst die Särge aus der Grabanlage geräumt und die sterbliche Überreste der Verstorbenen nachbestattet werden.

Und dann kam die Überraschung: „Unter dem Mausoleum fanden wir in 4,5 Metern Tiefe drei Särge mit Edelstahlummantelung und einen kleinen Sarg von 80 Zentimetern Länge, der bei uns jedoch nicht verzeichnet war." Da Edelstahlsärge nicht beigesetzt werden können – die Leichen werden darin wie mumifiziert – öffneten Süß und sein Team die Ummantelungen, um die darin liegenden Holzsärge dem Erdreich zuzuführen. Die Holzsärge blieben dabei geschlossen. „Allerdings öffnete sich der kleine, rätselhafte Holzsarg einen Spalt. Heraus fielen ein Brief und ein Tütchen mit Felix Katzennahrung. Da war mir klar, warum der kleine Sarg bei uns nicht verzeichnet gewesen war, denn Tierbestattungen sind bei uns nicht zugelassen", sagt Stefan Süß schmunzelnd.

Den kleinen Sarg haben Süß und seine Kollegen dennoch auf dem Friedhof nachbestattet – samt Brief, den Süß nicht gelesen hat. „Das steht mir nicht zu", sagt er. Wenn Stefan Süß über die Familie Neeland also auch nicht das Geringste herausfinden konnte – so viel weiß er inzwischen: dass sie eine Katze hatten, die sie sehr liebten. Und dass diese Felix Katzennahrung mochte.

Eva-Maria Bast

So geht's zum Mausoleum:

Vom Haupteingang des Düsselddorfer Nordfriedhofs (Am Nordfriedhof 1) geht man einige Meter auf die Kapelle zu. Rechts daneben befindet sich eine Wiese, auf deren Scheitelpunkt das Mausoleum steht.

Kanonenkugeln in einer Kirchenmauer: Relikte einer Zeit des Umbruchs.

41

Kanonenkugeln

Durch Krieg und Frieden

„Das ist ein ganz historischer Ort, den leider viele Düsseldorfer nicht kennen", sagt Pater Elias H. Füllenbach. Er schaut sich im Innenhof des ehemaligen Jesuitenklosters um und hebt dann den Blick, um den Turm der Andreaskirche, die den Hof im Osten begrenzt, näher zu betrachten. „Ich möchte Ihre Aufmerksamkeit auf ein Detail lenken, das sich an diesem Turm befindet", sagt er und deutet nach oben zu drei auffälligen dunklen Punkten. „Das sind Kanonenkugeln, die im Turm stecken. Sie stammen wahrscheinlich aus dem Jahr 1794, als die Stadt im Zuge der Revolutionskriege belagert wurde. Die Franzosen standen auf der anderen Seite des Rheins und haben von dort aus Düsseldorf beschossen, vermutlich stammen die drei Kugeln aus dieser Belagerung."

Zwei Jahre tobte der Erste Koalitionskrieg bereits, als man in Düsseldorf begann, sich auf die militärische Auseinandersetzung vorzubereiten, indem zum Beispiel die Gemäldegalerie nach Osnabrück in Sicherheit gebracht wurde. Am 5. Oktober 1794 wurde Düsseldorf dann vom linken Rheinufer aus beschossen. Zwei Stunden lang dauerte das Feuer und hinterließ weit mehr Schäden als „nur" die Kanonenkugeln, die im Turm der Andreaskirche stecken. Das Schloss brannte zu drei Vierteln nieder, mehrere Häuser wurden beschädigt, darunter auch das Kloster der Cölestinerinnen. Am 5. und 6. September besetzten die Franzosen Düsseldorf schließlich und blieben bis 1801.

Das niedergebrannte Kloster und die Kanonenkugeln im Turm der Andreaskirche waren aber bei weitem nicht die einzigen Auswirkungen der Franzosenzeit auf Düsseldorf: „Die Franzosen haben das gesamte Kirchengut eingezogen, Orden vertrieben und Klöster geschlossen, was sich in der Säkularisation 1803 fortsetzte", schildert der Pater die Folgen. Er betont aber im gleichen Atemzug, dass sie nicht nur Schrecken und Zerstörung brachten: „Die Franzosenzeit war für das gesamte Rheinland sehr wichtig, weil die Besatzer das französische Recht einführten und damit erste demokratische Ideen hier herkamen." Das betont auch Sabine Graumann in ihrem Aufsatz *1794 bis 1815 – Aufbruch in die Moderne. Die Franzosenzeit*. Sie schreibt: „Wie kaum ein anderes Ereignis hat die französische Revolution die Geschichte des Rheinlandes nachhaltig geprägt. Rund 20 Jahre herrschten die Franzosen zwischen 1794 und 1814 am Rhein. In diesen Jahren entwickelte sich Frankreich vom Land der Revolution zum Kaiserreich und zur dominierenden Macht im Staatengebilde des damaligen Europa." Beiderseits des Rheins seien jahrhundertealte Strukturen mit unterschiedlicher Intensität grundlegend umgestaltet worden. „Die Beseitigung der zahlreichen vormaligen Staatsgefüge des Alten Reiches, die territoriale Neueinteilung mit einer straff gegliederten Verwaltung, die Neuordnung der Justiz, die Umschichtung der Gesell-

„Die Franzosen haben das gesamte Kirchengut eingezogen, Orden vertrieben und Klöster geschlossen, was sich in der Säkularisation 1803 fortsetzte."

schaft durch Aufhebung des Adels, die Enteignung der Klöster und die Abschaffung der Abhängigkeitsverhältnisse sowie aller Feudalrechte sorgten für einen grundlegenden Wandel und leiteten einen Modernisierungsschub großen Ausmaßes ein."

All das war eine Folge der Revolution in Frankreich, das Österreich – und so auch dem mit Habsburg verbündeten Preußen – 1792 den Krieg erklärt hatte. Damit, schreibt Sabine Graumann, „wurden die deutschen Länder in ein nicht mehr aufzuhaltendes politisches Geschehen hineingezogen, das erst mit dem Wiener Kongress 1814/1815 seinen Abschluss fand".

Die Düsseldorfer, ergänzt Pater Elias, der neben Theologie auch Geschichte und Kunstgeschichte studiert hat, seien sehr stolz darauf, dass Napoleon die Stadt später auch persönlich besuchte. „Klein-Paris soll er Düsseldorf genannt haben." Relikte aus dieser Zeit gebe es in der Stadt nur sehr wenige – wie zum Beispiel die Kanonenkugeln. „Lange Zeit waren sie noch unauffälliger, da sie zeitweise in der Farbe der Kirche übermalt gewesen waren. Als man die Kirche neu strich, entschied man sich, die Kugeln nicht mehr zu übermalen, und deswegen kann man sie jetzt ganz gut sehen."

Ohnehin habe die Kirche viel mit Krieg und Frieden zu tun. „Sie wurde im Dreißigjährigen Krieg gebaut, im Koalitionskrieg beschossen und im Zweiten Weltkrieg schwer beschädigt", unterstreicht er. „Deshalb hat sie ja auch innen eine Wunde, wenn man so will: Der Hochaltar brannte im Zweiten Weltkrieg ab und wurde 1959/60 ganz bewusst sehr modern gestaltet und nicht im barocken Stil rekonstruiert. Für mich ist dieser Altar von Ewald Mataré immer eine Erinnerung daran, was Kriege anrichten können, und ein Mahnmal, wie sehr wir uns immer wieder um Frieden bemühen müssen."

In seiner täglichen Arbeit versucht der Theologe, Historiker und Kunsthistoriker das den Menschen, für die er in dem Gotteshaus da ist, nahezubringen. Dafür lässt er sich, in unmittelbarer Nachbarschaft zur „längsten Theke der Welt", gemeinsam mit seinen Glaubensbrüdern einiges einfallen. „Es ist wichtig, unmittelbar bei den Menschen zu sein", meint der Geistliche.

Der Dominikanerorden übernahm die Seelsorge an St. Andreas im März 1972 und zog schon im Jahr darauf in die Nähe der Andreaskirche, die seitdem auch Klosterkirche der Düsseldorfer Dominikaner ist. In den ehemaligen Räumen des Jesuitenklosters hingegen befindet sich heute ein Hotel, das Gebäude war im Zuge der Säkularisation am Anfang des 19. Jahrhunderts verstaatlicht worden. „In diesem dann so genannten Stadthaus waren zahlreiche städtische Behörden untergebracht, zum Beispiel der Regierungssitz des Großherzogtums Berg, die preußische Regierungskanzlei, das Polizeipräsidium", benennt der Pater Stationen der Geschichte des Hauses vor der Umwandlung in ein Hotel und fährt fort: „Hier war die Gestapo teilweise drin, genauso die Entnazifizierungsbehörde, eine Zeit lang auch das Standesamt und die Stadtdruckerei."

Pater Elias vor der Andreaskirche – am Turm kann man die Kanonenkugeln erkennen.

Eine wechselvolle Geschichte also, bis die Stadt das Anwesen 2004 an einen Investor verkaufte, der die altehrwürdigen Mauern zu einem Hotel umbaute. Und auf dessen Terrasse hält sich der Pater dann und wann mal gern bei einem Tässchen Kaffee auf und meint: „Wenn man hier draußen sitzt, fühlt man sich wie in Italien, und wenn man dann auf die Kirche schaut, fühlt man sich wie in Florenz."

Eva-Maria Bast

So geht's zu den Kanonenkugeln:

Sie sind vom Innenhof des ehemaligen Jesuitenklosters aus am Turm der Andreaskirche zu sehen. Den Innenhof erreicht man über die Mühlenstraße 31.

Eine Bodenplatte mit einem verwitterten Wappen erinnert im Volksgarten an die Hundsburg.

42

Bodenplatte

Hier küsste Heinrich Heine seine Jugendliebe

Es erschließt sich nicht auf den ersten Blick, was diese Bodenplatte im Volksgarten mit Romantik und ganz großen Gefühlen zu tun hat. Denn ihre Inschrift gibt das Geheimnis nicht preis: *Hier stand die Hundsburg*, ist dort zu lesen, außerdem *Seit 1258 bekannt* und *Zerstört am 13.6.1945*. Doch ein Heimatkenner wie Thomas Bernhardt weiß genau, wie die Verbindung herzustellen ist. „Dabei geht es um den Dichter Heinrich Heine und seine Jugendliebe Josepha", gibt der Gründer der Düsseldorfer Geschichtswerkstatt einen ersten Hinweis.

An der Stelle, an der heute ein verwittertes Wappen und die erklärenden Worte im Boden eingelassen sind, stand einst die so genannte *Hundsburg* auf der Gemarkung Stoffeln. Dabei handelte es sich um ein ehemaliges kurpfälzisches Jagdschloss in einem kleinen Weiler. „Der Name kommt ursprünglich von dem Wort *Honschaft*, wie das feste

Haus des Gemeindevorstehers genannt wurde", erklärt Thomas Bernhardt. Doch seit dem Mittelalter ist der „Hund" fester Bestandteil der Bezeichnung: Das Schöffensiegel von Hermann van Hunstorp, der von 1458 bis 1459 und noch einmal 1470 Bürgermeister von Düsseldorf war, zeigt einen Hund. Aus dem Jahr 1663 ist überliefert, dass 24 Menschen in dem Weiler wohnten, die älter als 15 Jahre waren. Das dürfte in etwa auch 150 Jahre danach noch gegolten haben, als der spätere Dichter, Schriftsteller und Journalist Heinrich Heine (1797-1856) hier ein und aus ging.

Und jetzt kommt die Romantik! „In seinen Memoiren schreibt Heinrich Heine über das Jahr 1814 von seiner ersten Jugendliebe, die er das ‚rote Sefchen' nennt. Damit meint er Josepha, die Henkerstochter, die im Scharfrichterhaus der Hundsburg lebte", spannt Thomas Bernhardt den Bogen zu den großen Gefühlen. „Ihr Haar war rot, ganz blutrot und hing in langen Locken bis über ihre Schultern hinab, so daß sie dasselbe unter dem Kinn zusammenbinden konnte", beschreibt Heine die 16-Jährige. Außerdem habe sie ihn und seine berufliche Karriere nachhaltig beeinflusst: „Sie wußte viele alte Volkslieder und hat vielleicht bei mir den Sinn für diese Gattung geweckt, wie sie gewiß den größten Einfluß auf den erwachsenen Poeten übte."

Thomas Bernhardt sitzt im Volksgarten und erzählt von Heinrich Heine und dem roten Sefchen.

Dass seine erste große Liebe aus einer Scharfrichterfamilie stammte, scheint den damals 17-Jährigen nicht weiter gestört zu haben. Dabei machte ihre Herkunft das Sefchen für ihn, den Sohn eines Tuchhändlers, zu einem „unehrlichen" Menschen, mit dem er eigentlich jeden Umgang hätte vermeiden müssen und den er erst recht nicht hätte berühren dürfen. Heine jedoch berichtet davon, dass das Mädchen ihm bei einem ihrer Treffen das Scharfrichterschwert ihres Großvaters gezeigt habe mit dem Verweis auf 100 arme Sünder, die damit geköpft worden seien. „Willst du küssen das blanke Schwert, das der liebe Gott beschert?", fragt sie dabei. Und der junge Dichter antwortet: „Ich will nicht küssen das blanke Schwert – ich will das rote Sefchen küssen!" In seinen Memoiren fährt er fort: „Ja, trotz dem Richtschwert, womit schon hundert arme Schelme geköpft worden, und trotz der Infamia, womit jede Berührung des unehrlichen Geschlechts jeden behaftet, küßte ich die schöne Scharfrichterstochter."

Doch so romantisch ging es nicht weiter mit dem Hofgut Hundsburg: Die Wege der beiden Liebenden trennten sich und 1826 wurde die Hundsburg zwangsversteigert, später von Herzog Prosper Ludwig von Arenberg aufgekauft. Aus den 30er-Jahren des 19. Jahrhunderts ist überliefert, dass in dem Weiler vier Wohnhäuser und acht landwirtschaftliche Gebäude standen und dort 36 Personen lebten. 1879 brannte das Hofgut ab und wurde danach nur in Teilen wieder errichtet. Von 1896 bis in die 1930er-Jahre betrieb dann die Stadt Düsseldorf in den Gebäuden ein Armenhaus. Doch gegen Ende des Zweiten Weltkriegs überstand die gesamte Anlage einen Luftangriff der Alliierten nicht.

„Es ist nichts mehr übrig von der Hundsburg", sagt Thomas Bernhardt. Die meisten Düsseldorfer, die hier im Volksgarten spazieren gehen, Fußball spielen oder sich zu einem Picknick treffen, wissen nichts von der Bodenplatte. Und so gerät der Ort, an dem Heinrich Heine sein Sefchen küsste, zunehmend in Vergessenheit.

Heike Thissen

So geht's zur Bodenplatte:

Die Platte, die an die Hundsburg erinnert, liegt am Rand des Volksgartens in Verlängerung der Redinghofener Straße. Sie ist rechter Hand bei den Steinbänken zu finden.

Steffi Buss legt am grünen Brunnen eine kurze Pause ein.

43

Brunnen

Sie stärken sich am kühlen Nass

Wer es gern rasant mag und sich für Düsseldorfs Vergangenheit interessiert, der ist bei Steffi Buss gut aufgehoben. Die Gästeführerin erzählt ihre Geschichten nämlich, während sie mit lauffreudigen Menschen durch die Gegend joggt. Die Geschichte der grünen Tränke nahe des Grafenberger Waldes passt da besonders gut. Weil man seinen Durst stillen kann, vor allem aber auch weil der Brunnen – wie das Joggen, zumindest für Menschen, die nicht so gut trainiert sind wie Steffi Buss – etwas mit Anstrengung zu tun hat. Und eine Anstrengung stand all jenen bevor, die noch mal einen kräftigenden Schluck nahmen, bevor sie ans Werk gingen. Die Rede ist aber keineswegs von Menschen, sondern von Pferden.

„Der grüne Brunnen ist eine alte Pferdetränke", erklärt die joggende Gästeführerin und fährt fort: „An dieser Stelle befand sich früher eine sogenannte Vorspannstation. Hier wurden Pferde angespannt, um Lasten die Straße hinaufzutransportieren, da die Steigung schon beträchtlich ist." Der Bürgerverein Grafenberg, in dem Steffi Buss Mitglied ist, hat die Pferdetränke jüngst saniert – ebenso, wie sie sich um einen anderen Brunnen in unmittelbarer Nähe kümmert, der bei Gesundheitsbewussten sehr beliebt war: den Jan-Wellem-Brunnen. Der Herrscher selbst hatte von der dort entspringenden eisenhaltigen Quelle so viel gehalten, dass er sie nicht nur 1702 fassen ließ, sondern auch täglich seine Dienerschaft schickte, um frisches Wasser von dort zu holen. „Als einmal der spanische König bei ihm zu Besuch war, hat er sogar 2.000 Liter holen lassen, um seinem Besuch nur das Beste vorzusetzen", ergänzt Steffi Buss.

Als sich der Grafenberger Wald, der sich hinter dem Jan-Wellem-Brunnen erstreckt, im frühen 20. Jahrhundert zum Naherholungsgebiet entwickelte, wurde der Brunnen auch bei vielen Gesundheitsbewussten sehr beliebt. „Die Straßenbahnendstation war der Staufenplatz, am Wochenende fuhren viele hier heraus, um spazieren zu gehen, von der Quelle zu trinken oder die Eremitage zu besuchen, die Jan Wellems Vater Philipp Wilhelm von der Pfalz hat errichten lassen", sagt Steffi Buss. Übrigens: Auch viele Maler des 19. Jahrhunderts ließen sich von der Stimmung des Grafenberger Waldes verzaubern. Bestimmt haben sie auch während des künstlerischen Prozesses den einen oder anderen kräftigen Schluck aus dem Jan-Wellem-Brunnen genommen.

Eva-Maria Bast

So geht's zum Brunnen:

Die einstige Pferdetränke steht an der Ecke Ernst-Poensgen-Allee / Ludenbergerstraße gegenüber vom Staufenplatz. Den Jan-Wellem-Brunnen findet man unweit davon an der Ernst-Poensgen-Allee.

Oberbürgermeister Thomas Geisel steht auf dem Sockel einer der beiden Säulen im Innenhof.

44

Säulen

Das vielfältige Gesicht des Rathauses

Was für eine Pracht! Wer den Innenhof zwischen Rathaus und Grupellohaus betritt, findet sich unversehens zwischen Kapitellen und Säulen, Reliefs und anderen Überbleibseln von Gebäudeschmuck wieder, die allesamt an den umgebenden Wänden angebracht oder im Hof aufgestellt wurden. Auf den ersten Blick könnte dies auch ein Lapidarium sein, also der Teil eines Museums, in dem besonders wichtige Stücke aus dem Bereich der Bildhauerei ausgestellt werden.

„Nach wie vor fasziniert mich mein Arbeitsplatz, denn der Rathauskomplex, ein erstaunlich verschachteltes Konglomerat an Gebäuden, umfasst Bauwerke aus fünf Jahrhunderten", schwärmt Oberbürgermeister Thomas Geisel. Er klärt darüber auf, dass es sich bei den Spolien im Hof fast ausnahmslos um Stücke handelt, von denen man sich nach dem Abriss der alten Kunsthalle 1959 sowie dem Umbau des etwa aus der gleichen Zeit stammenden „Wilhelminischen Rathauses“ 1957 offensichtlich nicht trennen wollte. „Beide Bauwerke waren typische Zeugnisse der Architektur des ausgehenden 19. Jahrhunderts – monumental, wuchtig, aus der Sicht vieler Verantwortlicher der Nachkriegszeit auch überladen und überholt“, erklärt er. Bis heute sei nicht so recht nachvollziehbar, nach welchen Kriterien diese Spolien ausgewählt wurden.

„Der eigentliche Rathausbau – auch *Tussmannbau* genannt – stammt aus dem 16. Jahrhundert, ebenso der Bereich, in dem mein Büro liegt, die Alte Kanzlei“, fährt der OB in der Darstellung der Geschichte des Rathauses fort. „Im 17. und 18. Jahrhundert entstand das Grupellohaus mit seinem Plenarsaal und der Gemäldegalerie, von der noch ein Flügel erhalten ist“, referiert das Stadtoberhaupt. „Ein Jahrhundert später wurde das *Wilhelminische Rathaus* gebaut sowie die damalige Kunstgewerbeschule. Und nach dem Krieg die wegen des Architekten Schulte-Frohlinde umstrittene Kämmerei gegenüber dem Alten Rathaus sowie die Neubauten am Rheinufer.“ Zwischenzeitlich sorgten Brände, der Zweite Weltkrieg und Modernisierungsmaßnahmen immer wieder für Umbauten, die nicht selten fast einem Neubau gleichkamen.

Der kleine Hof neben dem Rathaus wirkt fast wie ein Lapidarium.

Somit haben in fast jedem Jahrhundert die für das Rathaus Verantwortlichen in diesem Areal ihre Spuren hinterlassen – mal behutsam, mal etwas zupackender, mal mit dem architektonischen Blick nach vorne, manchmal aber auch nostalgisch nach hinten schauend. „Die Barockgalerie zum Beispiel stammt gar nicht aus dem Barock, sondern wurde weit nach dem Zweiten Weltkrieg mit Dauerleihgaben aus der Kunstakademie sowie barocken Wandverkleidungen aus dem belgischen Kunsthandel eingerichtet“, verrät der OB. „Die Jan-Wellem-Statue im gleichnamigen Saal stand früher im Innenhof des Rathauses, also dort, wo heute Autos geparkt werden." Und das *Grupellohaus*, das nun wirklich wie ein Barockgebäude daherkommt, wurde erst weit nach dem Zweiten Weltkrieg, nämlich 1967, zuerst dem Erdboden gleichgemacht, um es dann – äußerlich rekonstruiert – als Plenarsaal wiederaufzubauen.

„Es ist kaum bekannt, dass das heutige Rathaus – und hier meine ich jenen Teil, der sich durch den Haupteingang auszeichnet – im Kern immer noch recht viel von seiner ursprünglichen Struktur bewahrt hat. Die Haupttreppe zum Beispiel hat sich in ihrer Führung kaum verändert, an ihrem unteren Ende stehen noch Säulen des Ursprungsbaus", sagt Thomas Geisel. Das Bauvolumen sei durch den Umbau in den Jahren 1969 bis 1971 nicht wesentlich verändert worden. Auf jeden Fall aber habe man die Fassade grundlegend ändern wollen und den gesamten kaiserzeitlichen Schmuck abgenommen. Diese beiden Säulen zierten den sogenannten „Turm", der fast gänzlich verschwand – nur sein Torbereich, durch den man den Innenhof erreicht, wurde beibehalten.

„Nostalgie und Modernität gehen also manchmal Hand in Hand – man möchte es funktional und modern haben, ohne aber die Vergangenheit gänzlich zu entsorgen", bilanziert der OB. „Und im Miteinander von ‚alten Steinen' am neuen Ort zeigt sich das Selbstverständnis dieser Stadt aufs Beste: Traditionen bewahrend und gleichzeitig der Zukunft zugewandt."

Eva-Maria Bast

So geht's zu den Säulen:

Sie befinden sich im Innenhof zwischen dem Rathaus und dem Grupellohaus am Marktplatz. In den Innenhof gelangt man durch einen klassizistisch anmutenden Torbogen.

Benedikt Mauer weiß: Diese Steine sind umgezogen.

45

Carsch-Haus

Umzug aus Not

Sein ganzes Leben lang an Ort und Stelle zu bleiben – das ist den wenigsten Menschen beschieden. Die meisten müssen einen oder mehrere Umzüge stemmen. Vor dem Studium, nach dem Studium, nach der Hochzeit, wenn sich Nachwuchs ankündigt und häufig später auch noch mal, wenn die Kinder aus dem Haus sind. In der Regel ziehen aber Menschen um und nicht ihre Häuser. In Düsseldorf jedoch gibt es genau das: ein Haus, das umgezogen ist. Und obendrein ein besonders bekanntes! Das Carsch-Haus, das an einem der wichtigsten und am stärksten frequentierten Zugänge zur Düsseldorfer Altstadt steht und mit dem Umzug seinem sicheren Ende entging.

Stadtarchivar Dr. Benedikt Mauer hat die spannende Geschichte des Hauses und seines Umzugs recherchiert und sich auch mit dem Mann beschäftigt, der es einst erbaute und nach dem es benannt ist: Paul Carsch (1876-1951). „Er entstammte einer Kaufmannsfamilie und leitete seit 1898 in Düsseldorf ein sehr erfolgreiches Geschäft für ‚Herren- und Knabenbekleidung'", beginnt Mauer zu erzählen. Ursprünglich war der Laden des Paul Carsch in der Grabenstraße beheimatet. Doch dann habe der findige Unternehmer festgestellt, dass sein Geschäft den Erfordernissen der Zeit nicht mehr genügt. „Deshalb ließ er nach einem Entwurf des sehr renommierten Kaufhausarchitekten Otto Engler an der heutigen Heinrich-Heine-Allee ein neues, großzügiges Gebäude errichten", erklärt Mauer. Carsch wählte eine schlichte, fast schon neoklassizistische Formensprache mit einer sehr qualitätsvollen Sandsteinfassade und zog 1915 ein. „Der Erfolg gab Paul Carsch recht, denn dieses Bekleidungshaus sollte sich schnell zu einer der ersten Adressen in der Stadt entwickeln", schildert der Stadtarchivar den weiteren Verlauf. „Dazu trug auch ein geschicktes Marketing bei, etwa eine innovative Nutzung der Schaufenster: 1932 führten Statisten der städtischen Bühne die neue Kollektion in den 28 Schaufenstern vor."

Doch schon ein Jahr nach der außergewöhnlichen Werbeaktion wendete sich das Blatt grundlegend: „Die Familie Carsch wurde Opfer des so genannten *Judenboykotts*, und im selben Jahr wurde der Betrieb samt Immobilie *arisiert*", berichtet Mauer weiter. „Das Ehepaar Carsch musste noch das Novemberpogrom 1938 erleben, konnte sich im Folgejahr aber in die Niederlande retten, wo es sich der deutschen Besatzung erfolgreich entziehen konnte."

Das Haus, das Carsch so liebevoll aufgebaut hatte, wurde im Zweiten Weltkrieg schwer in Mitleidenschaft gezogen und erlebte in der Nachkriegszeit eine wechselvolle Geschichte: „Es diente als Domizil der britischen Kultureinrichtung *Die Brücke* und bot auch den privaten *Kammerspielen* eine Heimstatt", hat Mauer herausgefunden. In jener Zeit war das Haus allerdings schon in seiner Existenz bedroht: „Mehr als einmal wurde der Abriss gefordert", sagt er, „Mitte der 1970er-Jahre schien der geplante U-Bahn-Bau dann auch tatsächlich das Ende einzuläuten." Aber nur fast: „Das sich verstärkende, mittlerweile institutionell verankerte Denkmalbewusstsein kam dem Carsch-Haus zugute, denn der Landeskonservator lehnte einen Abbruch ab", schildert der Stadtarchivar die Rettung, die ganz Düsseldorf bewegte: „Mittlerweile hatten sich drei Fraktionen gebildet: Abbruchbefürworter, strikte Abbruchgegner und schließlich auch jene, die den Gedanken eines versetzten Wiederaufbaus ins Spiel brachten. Am Ende schloss sich der zuständige Minister dem letztgenannten Vorschlag an, und das im städtischen Besitz befindliche Haus wurde an die Horten AG verkauft."

„Mittlerweile hatten sich drei Fraktionen gebildet: Abbruchbefürworter, strikte Abbruchgegner und schließlich auch jene, die den Gedanken eines versetzten Wiederaufbaus ins Spiel brachten."

Und die hatte erst einmal jede Menge Arbeit mit dem neuen Domizil: Der neue Eigentümer ließ die 4.800 Fassadensteine abnehmen – im Kern handelte es sich um einen Eisenbetonbau – und auf einem Grundstück in Volmerswerth zwischenlagern. Anschließend wurde das Haus um 23 Meter nach hinten versetzt wiederaufgebaut. „Unbrauchbare Fassadensteine ließ man rekonstruieren, alle anderen wurden gereinigt. Schließlich erfolgte 1984 die feierliche Wiedereröffnung des nun erneut als Kaufhaus genutzten architektonischen Schmuckstücks", erzählt Mauer die Geschichte zu Ende und findet: „Zusammen mit dem rekonstruierten Musikpavillon ergibt sich eine Platzsituation, die so aussieht, als wäre sie von Anfang an genau so vorgesehen gewesen."

Eva-Maria Bast

So geht's zum Carsch-Haus:

Es steht am Heinrich-Heine-Platz 1.

Dr. Julia Lederle hat herausgefunden, warum dieser Weg den Heerdter Friedhof trennt.

46

Weg

Gekrönte Häupter auf eisernen Schienen

Friedhöfe sind normalerweise zusammenhängende und trotz ihrer traurigen Bestimmung idyllische Grünanlagen. Letzteres gilt auch für den Heerdter Friedhof. Ersteres nicht: Im westlichen Teil ist er durch einen Fuß- und Radweg unterteilt – die Friedhofsbesucher müssen eine Fußgängerbrücke überqueren, um vom einen Teil in den anderen zu gelangen. Die stellvertretende Leiterin des Düsseldorfer Stadtarchivs, Dr. Julia Lederle, weiß, dass das einen guten Grund hat, hinter dem ein bedeutendes Stück Geschichte steckt. Denn der Weg, der den Friedhof trennt, ist nicht irgendein Weg: „Es handelt sich dabei um eine geschichtsträchtige Eisenbahntrasse, die Düsseldorf-Oberkassel mit Aachen verband und noch bis in die 1990er-Jahre betrieben wurde."

Die Bauarbeiten für diese Strecke begannen im Jahr 1852. Ein Jahr später wurde die insgesamt 87 Kilometer lange Bahnlinie von Oberkassel über Neuss und Mönchengladbach nach Aachen eröffnet. Kurz darauf erwies ihr ein hochkarätiger Fahrgast die Ehre: „Im Mai desselben Jahres nutzte die in Düsseldorf bis heute verehrte Stephanie von Hohenzollern-Sigmaringen als angehende Königin von Portugal mit einem Sonderzug auf ihrer Fahrt in die neue Heimat die Strecke", weiß Julia Lederle über die bedeutsame Fahrt zu berichten. Sie sollte nur der erste in einer ganzen Reihe hochgestellter Fahrgäste sein: „Kurz darauf reiste Königin Viktoria, von London kommend, zusammen mit ihrem zukünftigen Gatten Friedrich, Prinz von Preußen, auf der Stecke an Heerdt vorbei. Und auch der preußische König und spätere deutsche Kaiser Wilhelm I. nutzte zusammen mit seinem Kanzler Otto von Bismarck im Mai 1865 die Verbindung", zählt Julia Lederle auf.

Trotz der berühmten Fahrgäste war der Bahnstrecke kein langes Dasein beschieden: „Es war auf dieser Strecke kein nahtloser Eisenbahnverkehr mit Düsseldorf möglich", erklärt die stellvertretende Stadtarchivarin die Problematik. „In Oberkassel ankommend, mussten die Reisenden die Bahn verlassen und eine Schiffsbrücke nutzen, um im rechtsrheinischen Düsseldorf zu einem Anschlusszug zu gelangen." Da war die Variante, über die 1870 errichtete südlichere Hammer Eisenbahnbrücke zu fahren, deutlich bequemer. „Zwar erhielt Heerdt 1872 noch einen neuen Bahnhof, doch der Personenverkehr nahm schlagartig auf dieser Strecke ab, Güterzüge nahmen stattdessen zu", schildert Julia Lederle den weiteren Verlauf. Denn die Bahn spielte eine große Rolle für Heerdts Industrie: „Viele umliegende Unternehmen erhielten eigene Gleisanschlüsse, zum Beispiel auch die sich in der Nähe des Friedhofs befindende Zementplatten-Fabrik Reinartz, später auch Reinarz geschrieben. So wurde der Heerdter Bahnhof 1891 um einen Güterbahnhof erweitert. Das Bahnhofsgebäude existiert noch."

„Viele umliegende Unternehmen erhielten eigene Gleisanschlüsse, zum Beispiel auch die sich in der Nähe des Friedhofs befindende Zementplatten-Fabrik Reinartz, später auch Reinarz geschrieben."

So gut es mit den Gütern lief – der Personenverkehr nahm immer weiter ab: „1902 wurde er vollständig eingestellt, weil er von der Rheinbahn mit ihren Straßenbahnen seit 1898 gänzlich übernommen worden war", sagt Lederle. Als der Friedhof in der zweiten Hälfte des 20. Jahrhunderts erweitert wurde, errichtete man für die Friedhofsbesucher die Fußgängerbrücke zur Überquerung der Bahntrasse.

Doch auch die Ära des Güterverkehrs sollte nicht mehr allzu lange dauern: „Die zunehmende Verlagerung auf die Straße und das Absterben der Industrie im linksrheinischen Düsseldorf führte in den folgenden Jahren zum rapiden Rückgang des Schienenverkehrs in Heerdt", nennt Julia Lederle die Ursache. „1994 fand die letzte Fahrt eines Güterzuges zwischen Neuss-Vorbahnhof und Heerdt-Oberkassel statt. 1998 wurden die Schienen entfernt." Nur die Wegführung und die Friedhofsbrücke erinnern an die geschichtsträchtige Bahnverbindung. Und in gewisser Weise auch die Brücke auf dem Heerdter Friedhof, die Besucher benutzen müssen, um die ehemalige Bahntrasse zu überqueren.

„1994 fand die letzte Fahrt eines Güterzuges zwischen Neuss-Vorbahnhof und Heerdt-Oberkassel statt.

Eva-Maria Bast

So geht's zum Weg:

Er verbindet die Schiessstraße mit der Heerdter Landstraße.

Dr. Olaf Meuther hat die Geschichte dieser besonderen Türgriffe recherchiert.

47

Türgriffe

Zwei Heilige in der Hand

Beinahe andächtig streicht Dr. Olaf Meuther über die beiden Türklinken, die das Portal des kleinen Gotteshauses Alt St. Martin zieren. „Die meisten Menschen bemerken gar nicht, was sie hier Besonderes in die Hand nehmen, wenn sie die Kirche betreten", sagt er. Kein Wunder: Türklinken gehören in die gleiche Kategorie wie Besteck, Geschirr, Schlüssel oder andere Alltagsgegenstände. Man benutzt sie, ohne groß drüber nachzudenken.
„Diese Türklinken zeigen zwei Personen aus dem Leben des Heiligen Martin, dem die Kirche ja geweiht ist", sagt der Historiker und stellt vor: „Das links ist Hilarius von Poitier, der ihn zum Bischof weihte, und rechts Sulpicius Serverus, der seine Biografie schrieb." Darauf verweise auch das Buch in der Hand der Figur, auf dem das Wort *Vita* zu lesen ist. Sulpicius Severus wurde 363 n. Chr. in Aquitanien geboren und starb 426 in Gallien. Seine letzte Ruhestätte fand er in St.

Sulpice in Paris. Hilarius von Poitiers wurde 310 n. Chr. in Poitiers geboren und starb dort im Jahr 368. Geschaffen wurden die Türgriffe im Zuge einer größeren Sanierung vom Düsseldorfer Bildhauer Bert Gerresheim (geb. 1935).

Die Geschichte der Kirche reicht weit zurück und lässt sich, wie Meuther findet, hübsch an einem Streit erzählen, der um 1800 zwischen der Pfarrgemeinde und dem damaligen Pfarrer Anton Joseph Binterim (1779-1855) tobte. Dabei ging es um Kastanien. Die Pfarrgemeinde war nämlich der Ansicht, die Nutzungsrechte an den Kastanien zu haben, da die Bäume auf ihrem Grundstück standen. „Anton Joseph Binterim hielt dagegen, dass es die Kirche seit 1.000 Jahren gebe, und schlussfolgerte daraus, dass die Nutznießung der Früchte deshalb der Kirche zustünde." Meuther kennt auch das Urteil: „Ihm wurde stattgegeben." Gut anderthalb Jahrzehnte später habe der Pfarrer diese Diskussion erneut aufgegriffen, um das Alter der Kirche zu bestimmen, „nicht ohne dabei das Alter mindestens noch einmal um 100 Jahre nach hinten auf die Zeit um 700 zu verlegen, indem er den Verweis auf den Missionar St. Suitbertus hinzufügte."

Als die alte Martinskirche im Jahr 1935 saniert wurde, nutzte man die Gelegenheit, um Grabungen vorzunehmen, durch die das Alter der Kirche präzisiert werden konnte. „Damit wollte man Binterims Aussagen archäologisch stützen", erklärt Meuther. „Man fand damals auch tatsächlich alte Fundamente, die zum Bau des Altars genutzt werden konnten. Das wurde allerdings vielfach kritisiert, denn dabei ist kein besonders schönes Kunstwerk rausgekommen", räumt der Düsseldorfer ein und ergänzt: „Aber es ging bei dem Altar ja auch nicht darum, dass er schön ist, sondern darum, dass er das Alter der Kirche öffentlich darstellt."

„Es ging bei dem Altar ja auch nicht darum, dass er schön ist, sondern darum, dass er das Alter der Kirche öffentlich darstellt."

Sicher lasse sich dank der Ausgrabungsergebnisse sagen, dass in Bilk, dem Stadtteil, in dem die Kirche steht, schon im ersten Jahrtausend eine karolingische Kirche gestanden hat, die durch einen Brand zerstört wurde. „Der Chorabschluss lag etwa dort, wo die heutige Apsis ansetzt", ist einem Flyer der Kirche zu entnehmen. Und weiter: „Die Überreste des karolingischen Baus wurden in frühromanischer Zeit, um 1000, mit einer dreischiffigen, flachgedeckten Pfeilerbasilika, die ungefähr die Ausdehnung des heutigen Langschiffs hatte, zu einem Bauwerk, in dem sie als Chorraum dienten, verbunden." Ende des 12. Jahrhunderts gesellte sich ein fünfstöckiger Westturm dazu, um 1200 folgte eine Erweiterung durch einen Chorraum und eine dreiseitige Apsis.

Immer und immer wieder wurde an der Kirche weiter- und umgebaut. Das änderte aber nichts daran, dass sie um 1800 in einem ausgesprochen schlechten Zustand war. Der bereits erwähnte Pfarrer Anton Joseph Binterim fackelte nicht lange und verlegte den Pfarrgottesdienst 1805 in die Loretokapelle. „Sie befand sich dort, wo heute die neue Martinskirche steht", sagt Meuther. Sonderlich treu stand der Pfarrer seinem alten Gotteshaus auch ansonsten nicht zur Seite: „Um Mittel für die Ausstattung seiner Pfarrkirche zu gewinnen", habe er 1812 versucht, Alt St. Martin zu versteigern, wie der Broschüre der Kirche zu entnehmen ist. „Da sich jedoch kein Interessent fand, blieb das Bauwerk erhalten, zumal das Langhaus eine Zeit lang an den Postmeister als Scheune und der Turm an einen Textilbetrieb vermietet werden konnte, und 1823 der Regierungspräsident erklärte, der weithin sichtbare Turm müsse für Vermessungsarbeiten erhalten bleiben."

Hilarius von Poitier (links) und Sulpicius Severus (rechts).

Sie hat also eine durchaus wechselvolle Geschichte hinter sich, die kleine Kirche in Bilk. „Doch zum Glück hat man ihren baugeschichtlichen Wert dann in der Mitte des 19. Jahrhunderts erkannt", sagt Meuther. Und dann wurden die Düsseldorfer und Bilker aktiv: Sie bildeten ein Komitee, sammelten Spenden und spendeten selbst und so gelang es ihnen 1860, das kleine Gotteshaus vor seinem Untergang zu bewahren. „Bei diesem ersten Teil der Sanierung wurden zum Beispiel die Seitenschiffe erneuert", erläutert Meuther. „Der zweite Teil der Sanierung erfolgte dann 1935.“ Wenige Jahre später brach der Zweite Weltkrieg aus, 1943 wurden der Turmhelm und das linke Seitenschiff zerstört, aber in den 1950er-Jahren wieder saniert. Und dann schließlich die Sanierung in den 1980ern/1990ern, bei der auch die Türgriffe entstanden.

Heute präsentiert sich die dreischiffige romanische Kirche in bestem Zustand. Und die Türgriffe werden umso bedeutsamer, wenn man weiß: In der Kirche sind Überreste aus dem 11. Jahrhundert zu finden. „Das heißt, dass Alt St. Martin zu den ältesten Bauwerken Düsseldorfs zählt“, unterstreicht Olaf Meuther. Die Türgriffe werden damit sozusagen zu Hütern des Schatzes. Wer sie berührt, ist auf dem Weg in Düsseldorfs – baulich sichtbare – älteste Vergangenheit.

„Das heißt, dass Alt St. Martin zu den ältesten Bauwerken Düsseldorfs zählt.“

Eva-Maria Bast

So geht’s zu den Türgriffen:

Sie befinden sich am Portal von Alt St. Martin im Stadtteil Bilk, Martinstraße 72.

Stephan Herpens kann erklären, wo sich am Haus des Karnevals ein kleiner Marienkäfer versteckt und warum.

48

Marienkäfer

Im Schatten des Hoppeditz

Stephan Herpens ist Karnevalist mit Leib und Seele. Als passioniertes Mitglied der „Prinzengarde der Stadt Düsseldorf e.V. 1927 – Leibgarde der Prinzessin Venetia" gehört er zu deren aktiven Corps. Kein Wunder also, dass er sich mit dem „Haus des Karnevals" in der Düsseldorfer Altstadt gut auskennt. „Besonders angetan hat es mir das Wandbild von Jacques Tilly und Marc Remmert an der Außenfassade und ein winziges Detail, das mit bloßem Auge kaum zu entdecken ist", sagt der gebürtige Düsseldorfer. Im letzten Buchstaben des Schriftzuges *Haus des Karnevals*, den Remmert in großen roten Lettern angebracht hat, versteckt sich ein kleiner, unscheinbarer Marienkäfer.

Stephan Herpens weiß, warum das Tier dort sitzt: „Als Marc Remmert die Fassade bemalte, wurde er dabei natürlich von vielen interessierten Düsseldorfern beobachtet. Darunter waren auch ein kleines

Mädchen und ihr Vater, erzählt der Jeck, der im Alltag als Zahnarzt arbeitet. Als Remmert sein Werk fast vollendet hatte, fragte er das Mädchen, wie es heiße. Marie, lautete die Antwort. Und welches Geschöpf ist das Lieblingstier eines Mädchens namens Marie? Der Marienkäfer natürlich! Also setzte Remmert, der die passende Farbe noch übrig hatte, auf den letzten Buchstaben des Wortes *Haus* einen kleinen roten Krabbler mit schwarzen Punkten."

„Doch das ist natürlich nicht alles, was dort zu sehen ist", sagt Herpens. Tatsächlich wird kaum jemand den Marienkäfer entdecken, weil das Bild oberhalb des Schriftzugs viel zu prominent ist, als dass sich das Auge des Betrachters groß bei solchen Kleinigkeiten aufhalten würde. Denn dort ist der Hoppeditz zu sehen, der berühmteste Schelm des Düsseldorfer Karnevals. Frech, wie er ist, hat er gerade dem Bergischen Löwen, dem Wappentier der Rheinmetropole, seinen Anker geklaut. Deshalb versucht der König der Tiere, von dem nur der zweigeteilte Schwanz und eine Tatze zu sehen sind, ihn von hinten zu packen. Doch ohne Erfolg – der Hoppeditz spaziert davon.

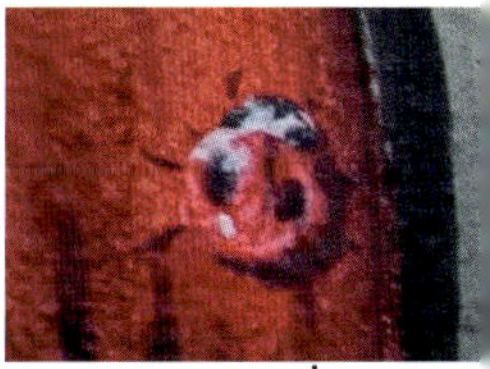

Der Marienkäfer.

Die Szene passt hervorragend zu dem historischen Gebäude in der Zollstraße, in dem seit 2005 ein Museum den Düsseldorfer Karneval in allen Facetten beleuchtet und zudem das „Comitee Düsseldorfer Carneval" seine Geschäftsstelle betreibt. Schließlich kann sich kein Jeck einen Karneval ohne Hoppeditz vorstellen. „Sein Name bedeutet so viel wie ‚hüpfendes Kind'. Er wacht jedes Jahr am 11. November auf dem Marktplatz vor dem Rathaus auf, um die Karnevalssession zu eröffnen", erklärt Herpens. Bis Aschermittwoch treibt er seine Späße in der Stadt, dann wird er in Form einer Puppe eingeäschert.

Heike Thissen

So geht's zum Marienkäfer:

Er befindet am „Haus des Karnevals" in der Zollstraße 9.

Historiker Peter Henkel auf der Motte, die gar keine ist.

49

Hügel

Eine Motte, die gar keine ist

Malerisch: Ein sanfter Hügel erhebt sich neben dem Bach, Vögel zwitschern, Grillen zirpen. Und genau diese Idylle, meint Historiker Dr. Peter Henkel, trug möglicherweise zur Legendenbildung bei. Er kann sich ein Grinsen nicht verkneifen und bemerkt: „Diese Erhebung hat einst für ziemliche Aufregung gesorgt."

Im Düsseldorfer Raum gab es nämlich jede Menge Motten. Und damit sind keineswegs die lästigen Insekten gemeint, sondern mittelalterliche, künstlich aufgeschüttete Hügel, auf denen früher einmal eine Burg oder ein Turm stand. Um diese Motten spann sich in Düsseldorf so manche Geschichte. „Wir befinden uns im 9. Jahrhundert ja in der Grenzregion zwischen Franken und Sachsen, und es wurde immer so kolportiert, dass es sich dabei um Verteidigungswälle gegen die Sachsen handelt. Die Story ist aber falsch. Die Motten sind jüngeren

Datums“, sagt der Historiker, „hochmittelalterlich, also um 1100 oder 1200.“

Und dann eben die Erhebung neben dem idyllischen Knittelbach. Man wurde im Zuge der Renaturierung desselben auf sie aufmerksam und war sich gleich sicher: Das ist eine Motte! „Man fertigte sogar eine Tafel an, die sie als solche auswies und auf der stand, es habe sich um eine typische mittelalterliche Burgenanlage des Niederrheins gehandelt.“ Peter Henkel weiß aber: Von dem, was auf der Tafel stand, ist kein Wort wahr. Zwar habe es in Sichtweite eine Motte gegeben, dieser Hügel neben dem Bach jedoch sei definitiv keine. „Die echte Motte wurde in den 1960er-Jahren abgetragen. Eine weitere liegt inzwischen mitten in einem Wohngebiet. Da war der Hügel neben dem Kittelbach natürlich viel romantischer“, schmunzelt Henkel. „Untersuchungen, die in diesem Bereich durchgeführt wurden, ergaben ganz klar, dass in dem Hügel rein gar nichts Hochmittelalterliches zu finden war.“ Er weiß auch, dass es sich bei dem Hügel dennoch nicht um eine natürliche Erhebung handelt. „Das ist der Kulturschutthaufen eines Bauernhofes, der hier einst stand. Der damalige Hofherr hat diesen Haufen Anfang des 19. Jahrhunderts aufgeworfen. Möglicherweise wollte er eine Art Belvedere schaffen. Oder er hatte einfach Schutt übrig und wusste nicht, wohin damit“, sagt der Historiker.

Fakt ist jedoch: Dieser Hügel war niemals eine Motte, auch wenn die Tafel etwas anderes glauben machen wollte. Das geschriebene Wort ist eben nicht immer wahr. Und inzwischen ist das Schild mit den falschen Angaben auch wieder verschwunden. Es war ja nicht in Stein gemeißelt.

Eva-Maria Bast

So geht’s zum Hügel:

Er erstreckt sich im Kittelbachpark direkt neben dem Bach in der Nähe des Flughafens.

Götz Middeldorf weiß, dass in dem Wildgehege hinter ihm im Zweiten Weltkrieg ein britischer Bomber abstürzte.

50

Rotwildgehege

Absturzstelle eines britischen Bombers

Der Wildpark im Grafenberger Wald ist ein beliebtes Ausflugsziel für Jung und Alt. Rothirsche und Rehe, Muffelwild und Wildschweine sind hier zu Hause. An 365 Tagen im Jahr können die Besucher zwischen Rennbahnstraße und Ratinger Weg wilde Tiere hautnah erleben. Doch wenn Götz Middeldorf, Leiter der Stadtredaktion Düsseldorf der NRZ, am Zaun des Rotwildgeheges steht und den Tieren zusieht, ist er mit seinen Gedanken ganz woanders – nämlich im Jahr 1944.

„Den Wildpark gibt es seit 1927 und auch im Zweiten Weltkrieg konnte man hier Dam- und Rehwild beobachten, bis er 1944 kriegsbedingt geschlossen wurde“, beginnt der Journalist zu erzählen. Doch nicht die Schließung des beliebten Ausflugsziels lässt ihn in Gedanken abschweifen, sondern die Geschehnisse des 12. Dezember jenes Jahres. „Damals machte sich nachmittags der neuseeländische Pilot Reginald Veitch mit sechs weiteren Männern auf dem britischen Fliegerhorst Wickenby im Nordosten Englands bereit für einen tödlichen Einsatz“, erzählt er. Ihr Ziel: Mit ihrem viermotorigen Lancaster-Bomber ins Ruhrgebiet fliegen und die Krupp-Werke in Essen bombardieren. „Sie starteten um 16.18 Uhr und hoben vollgepackt mit Bomben auf der Startbahn ab. Dabei waren sie nicht allein: In britischen Militärunterlagen ist nachzulesen, dass es insgesamt 540 Flugzeuge waren, die sich auf den Weg nach Deutschland machten“, hat der Düsseldorfer recherchiert. Und noch mehr, nämlich, dass sie über Essen ihre tonnenschwere Last abwarfen und ein Bomben-Regen über der Stadt niederging, der 463 Menschen das Leben kostete. Und dass die Lancaster von Veitch und seiner Besatzung um 19:50 Uhr aus 7.000 Metern ihre Bomben fallen ließ und dann nur noch eines zählte: So schnell wie möglich nach Wickenby zurückzukehren. „Doch vier der sieben Männer aus der Lancaster erlebten das Kriegsende fünf Monate später nicht mehr. Denn ihr Einsatz Anfang Dezember endete für sie tödlich, und zwar hier im Wildgehege, da, wo heute das Damwild grast“, sagt Middeldorf mit Blick auf die Grünfläche und die Tiere. Was war passiert?

Während die britische Lancaster der sieben Männer gerade ihre Bomben abwarf, pirschte sich Gustav Mohr, Leutnant der deutschen Flugabwehr, mit seiner Messerschmitt Bf 109 G im Schutz der Dunkelheit an. „Er nahm den Bomber von der Seite ins Visier und feuerte die Bordkanonen ab. Da gab es für die Briten gar kein Entkommen“, erzählt der Düsseldorfer. Einer der Überlebenden, der Bombenschütze Jack Kenworthy, schilderte jene Sekunden später so: „Während des Bombenabwurfs über dem Ziel wurden wir plötzlich von einem Nachtjäger angegriffen. Er durchlöcherte uns mit seinen Maschinenkanonen von der Nase bis zum Heck, wodurch unsere Instrumente zerstört wurden. Unser Backbord-Motor flammte fürchterlich auf und brachte uns in Lebensgefahr. Jeden Moment konnten die Tanks explodieren.“ Während sich die Lancaster bereits im Sinkflug befand, gab Veitch den Befehl zum Absprung. Doch für ihn und zwei seiner Kollegen kam die Entscheidung zu spät: Ihre Fallschirme hatten keine Zeit mehr, sich zu entfalten. Ihre Leichen wurden im Umkreis von zwei Kilometern zur Absturzstelle beziehungsweise direkt neben dem Flugzeugwrack gefunden.

„Wahrscheinlich wurde das Flugzeug durch Baumwipfel zerfetzt und die Tragflächen abgerissen. Der Rumpf kam erst an der Geländekante im damals wie heute baumfreien Rotwildgehege zum Stillstand und brannte dort weitgehend aus“, fasst Middeldorf die weiteren Geschehnisse zusammen. Vermutlich preschte das Flugzeug vom Nebeneingang des Ratinger Weges im Sinkflug über das Gelände, um dann im heutigen Rotwildgehege liegen zu bleiben. Anders als Pilot Reginald Veitch, der mittlere Bordschütze Leslie Hunt aus Großbritannien und der hintere Bordschütze John Richard Patterson aus Kanada konnten sich Bordingenieur W. N. Stevenson, Navigator Harold Winston Parry und Jack Kenworthy, der für den Bombenabwurf zuständig war, mit dem Fallschirm retten. Sie überlebten und gerieten in Kriegsgefangenschaft. „Kenworthy landete auf einer Straße, versteckte seinen Fallschirm und war drei Nächte auf der Flucht. An einer Rheinbrücke wurde er schließlich entdeckt und zum Luftwaffen-Flugplatz auf dem heutigen Düsseldorfer Flughafen gebracht“, sagt Götz Middeldorf.

„Wahrscheinlich wurde das Flugzeug durch Baumwipfel zerfetzt und die Tragflächen abgerissen. Der Rumpf kam erst an der Geländekante im damals wie heute baumfreien Rotwildgehege zum Stillstand und brannte dort weitgehend aus.“

Und dann war da noch der kanadische Funker Bert Hall, der den Absturz ebenfalls überlebte. „Er landete in der Nähe des heutigen Autobahnkreuzes Hilden und schleppte sich zu einem nahe gelegenen Bauernhof, wo er anklopfte und schwer verletzt in die Diele fiel, als ihm die Bewohner öffneten“, erzählt der Journalist über das Schicksal des siebten Besatzungsmitglieds. Doch noch bevor Polizei und Krankenwagen eintrafen, wurde Hall vom Hildener NSDAP-Ortsgruppenleiter Heinrich Thiele abgeholt. Der war für seine Brutalität, Härte und NS-Treue bekannt. „Er lieferte Hall noch am selben Abend auf dem Hildener Friedhof ab. Tot. Hall kam unter mysteriösen Umständen ums Leben und wurde später klammheimlich beerdigt", sagt Middeldorf über das weitere Schicksal Halls. Nach dem Krieg wurden die vier Todesopfer der Lancaster umgebettet. Ihre Gräber liegen heute nebeneinander auf dem britischen Ehrenfriedhof im Reichswald bei Kleve.

„Diese Geschichte geriet über Jahrzehnte in Vergessenheit und wurde erst in den vergangenen Jahren von ehrenamtlichen Archäologen vom Amt für Bodendenkmalpflege recherchiert, zusammengetragen und aufgeschrieben", sagt Middeldorf. Anlass für die Recherchen war ein verwittertes Metallstück, das Forstmitarbeiter 2010 im Wildpark gefunden hatten. Daraufhin untersuchten die Archäologen die Absturzstelle und fanden zahlreiche kleinere Metall- und Plexiglas-Fragmente. „Größere Wrackteile und Munition wurden nicht gefunden. Die wurden direkt nach dem Absturz abtransportiert, entsorgt oder wieder verarbeitet. Schließlich war Metall knapp gegen Ende des Krieges", erklärt der Leiter der Stadtredaktion. Doch einige der Fundstücke waren groß genug, dass darauf Nummern, Marken und Namen zu erkennen waren, anhand derer sich die Herkunft des Flugzeuges recherchieren ließ. In mühevoller Kleinarbeit setzten die Forscher die Informationen sinnvoll zusammen, sodass heute weitgehend geklärt ist, was sich am 12. Dezember 1944 über dem Himmel des Ruhrgebiets und im Wildpark im Grafenberger Wald abspielte. Wenn Götz Middeldorf im Wildpark spazieren geht, hat er diese Bilder vor Augen.

Heike Thissen

So geht's zum Rotwildgehege:

Der Wildpark liegt im Grafenberger Wald. Der Parkplatz an der Rennbahnstraße befindet sich unmittelbar neben dem Rotwildgehege und der Absturzstelle von 1944.

Quellen und Literatur, Bildnachweis

Alt St. Martin Düsseldorf Bilk. Broschüre.

Becker-Huberti, Manfred: Düsseldorfer Kirchen. Die katholischen Kirchen im Stadtdekanat Düsseldorf, Köln 2009.

Becker-Willhardt, Hannelore: „ ‚... allen Zeiten zur Warnung!' Der Hexenprozess gegen die Gerresheimerinnen Helene Mechthild Curtens und Agnes Olmans (1737/38)". In: Neuhaus-Koch, Ariane (Hrsg.): Der eigene Blick. Frauen-Geschichte und -kultur in Düsseldorf. Neuss 1989, S. 13-26.

Boller, Thomas; Stegt, P.: Düsseldorf Gerresheim. Archivbilder. Erfurt 2010, S. 113 ff.

Boller, Thomas; Stegt, P.: Düsseldorf-Gerresheim. Neue Reise in die Vergangenheit. Erfurt 2012, S. 14-16.

Boscheinen, Joseph: „130 Jahre Zoo in Düsseldorf. Von der Geflügel-Ausstellung zum Aquazoo". In: Aquarius. Das Magazin des Aquazoo-Löbbecke Museums. Ausgabe 21. Düsseldorf 2006, S. 4-20.

Braubach, Max: „Johann Wilhelm, Pfalzgraf von Neuburg, Herzog von Jülich und Berg, Kurfürst von der Pfalz". In: Historische Kommission bei der bayerischen Akademie der Wissenschaften (Hrsg.): Neue Deutsche Biographie. Zehnter Band. Berlin 1974, S. 516-518.

Brzosa, Ulrich: Die Geschichte der katholischen Kirche in Düsseldorf: Von den Anfängen bis zur Säkularisation. Köln / Weimar / Wien 2001, S. 277 ff.

Bünger, Reinhart: „Naegeli: ‚Besprühte Züge sind großartig'". URL: https://www.tagesspiegel.de/wirtschaft/immobilien/sprayer-von-zuerich-naegeli-bespruehte-zuege-sind-grossartig/22631308.html. Abgerufen am 03.02.2019.

Comitee Düsseldorfer Carneval e.V.: Hoppeditz. URL: https://www.comitee-duesseldorfer-carneval.de/de/hoppeditz-28.html. Abgerufen am 26.03.2019.

Dahm, Christof: „Kolbe, Maximilian Maria (Ordensname), Rajmund (Taufname)". In: Biographisch-Bibliographisches Kirchenlexikon (BBKL), Band 4. Herzberg 1992, Sp. 327-331.

Dewald, Ulrich: Das Geheimnis der antiken Flüsterakustik. URL: https://www.wissenschaft.de/geschichte-archaeologie/das-geheimnis-der-antiken-fluesterakustik/. Abgerufen am 13.01.2019.

Dominikaner Düsseldorf – Kunst und Kultur: „St. Andreas. Kirche, Mausoleum, Schatzkammer". URL: https://www.dominikaner-duesseldorf.de/fileadmin/media/downloads/kurzfuehrer_sankt_andreas.pdf. Abgerufen am 15.01.2019.

Döring, Marlies: Düsseldorfer Straßengeschichten. Düsseldorf 2008, S. 57 f.

Düsseldorf.de: Der Zoopark. URL: https://www.duesseldorf.de/stadtgruen/park/zoopark.html. Abgerufen am 03.02.2019.

Düsseldorfer Jonges: Das Tor. Heft 8, 81. Jahrgang. Düsseldorf 2015, S. 8.

Düsseldorfer Turn- und Sportverein Fortuna 1895 e.V.: „Toni Turek. Fortunas Weltmeistertorhüter und ‚Teufelskerl' von 1954". URL: https://www.f95.de/verein/historie/yesterday/story/18958-toni-turek/46c26728480907465df54f60e28ac1b9/. Abgerufen am 28.01.2019.

Eglau, Hans Otto: „Helmut Horten. Die goldenen zwanzig Jahre". In: ders.: Die Kasse muss stimmen. So hatten sie Erfolg im Handel. Von der Kleiderdynastie Brenninkmeyer über die Discountbrüder Albrecht bis zur Sexversenderin Beate Uhse. Düsseldorf 1972, S. 121-142.

Engelmann, Bernt; Wallraff, G.: Ihr da oben – Wir da unten. Köln 1994.

Eschbach, Peter: „Ortsnamen des Kreises Düsseldorf". In: Beiträge zur Geschichte des Niederrheins. Ausgabe 6. Düsseldorf 1892, S. 15.

Everts, Angela: „Wo die Preußen Krieg übten". In: Westdeutsche Zeitung vom 05.04.2014.

Fasel, Andreas: „Düsseldorf feiert seinen Jan Wellem". URL: https://www.welt.de/wams_print/article1627029/Duesseldorf-feiert-seinen-Jan-Wellem.html. Abgerufen am 26.01.2019.

Florin, Melanie: Das Majolikahäuschen von Villeroy & Boch im Düsseldorfer Hofgarten. Düsseldorf 2006.

Florin, Melanie: „Zoopark Düsseltal". In: Baier, Christof; Schweizer, S., Törkel, D. (Hrsg.): Gärten und Parks in Düsseldorf. Gartenkunst und Landschaftskultur vom 17. bis zum 21. Jahrhundert. Düsseldorf 2017, S. 208-213.

Funken, Wolfgang: ars publica Düsseldorf, Bd. 1. Essen 2012, S. 46 f., 143.

Geilhausen, Stefani: „Die Wegmarken der ersten

Post“. In: Rheinische Post vom 21.08.2010.

Gollwitzer, Heinz: „Benzenberg, Johann Friedrich“. In: Neue Deutsche Biographie. Band 2. Berlin 1955, S. 60.

Graumann, Sabine: „1794 bis 1815 - Aufbruch in die Moderne. Die ‚Franzosenzeit'“. In: Portal Rheinische Geschichte. URL: http://rheinische-geschichte.lvr.de/Epochen-und-Themen/Epochen/1794-bis-1815---aufbruch-in-die-moderne.-die-%22franzosenzeit%22/DE-2086/lido/57ab23d29508f8.06009224. Abgerufen am 09.01.2019.

Grützner, Felix: Gartenkunst zwischen Tradition und Fortschritt: Walter Baron von Engelhardt (1864-1940). Studien zur Kunstgeschichte 3. Bonn 1998.

Heimatverein Düsseldorfer Jonges e.V. (Hrsg.): Sichtbare Zeichen der Düsseldorfer Jonges. 2., überarbeitete Auflage. Düsseldorf 2016, S. 182-185, 238, 240-243.

Heine, Heinrich: Deutschland. Ein Wintermärchen. Geschrieben im Januar 1844. Caput VIII. Leipzig 1974.

Heine, Heinrich: Memoiren. Hamburg 2011, S. 50-58.

Henkel, Peter: Die Düsseldorfer KZ-Außenlager. Düsseldorf 2016.

Jacobi, Richard; Zeh, Dieter: Die Geschichte der Düsseldorfer Straßenbahn. Von der Pferdetram zur Rheinbahn. Freiburg i.Br. 1986.

Jäger, Dieter: BUGA. Wo Heine die schöne Henkerstochter küsste. URL: http://geschichtswerkstatt.info/wanderungendurchduesseldorf/buga.html. Abgerufen am 13.02.2019.

Jansen, Claudia: „Stundenstein“. URL: 184https://emuseum.duesseldorf.de/view/objects/asitem/items$0040:140850. Abgerufen am 14.02.2019.

Kaperski, Frank: Von Naegeli und Beuys bis Banksy: die verschleierte Identität. URL: https://www.srf.ch/kultur/im-fokus/der-archivar/von-naegeli-und-beuys-bis-banksy-die-verschleierte-identitaet. Abgerufen am 03.02.2019.

Kauhausen, Paul: „Die Hundsburg“. In: Jan Wellem. Zeitschrift für Kultur und Tradition der Alde Düsseldorfer Bürgergesellschaft von 1920 e.V. Düsseldorf 1927, S. 326-329.

Kerst, Michael: „Bert Gerresheim: Warum sein Stuhl keine Sitzfläche hat“. URL: https://www.msn.com/de-de/nachrichten/panorama/bert-gerresheim-warum-sein-stuhl-keine-sitzfl%C3%A4che-hat/ar-BBLuiJA. Abgerufen am 16.01.2019.

Kläring, Peter: Preußische Maße. Der Weg zum metrischen System. URL: http://preussische-masse.de/alte_masse/alte_masse_metrisch.html. Abgerufen am 14.02.2019.

Knaurs Lexikon der Symbole. München 1989, S. 389.

Kühner, Anja: Beuys-Kunst wächst und gedeiht: Eiche mit Basaltsäule. URL: https://www.duesseldorf-entdecken.de/beuys-kunst-waechst-und-gedeit-eiche-mit-basaltsaeule/. Abgerufen am 13.01.2019.

Kühner, Anja: Ein Käfer fürs Mariechen. URL: http://www.duesseldorf-entdecken.de/ein-kaefer-fuers-mariechen/. Abgerufen am 26.03.2019.

Kühner, Anja: Kriegsspuren in Form von Kellergittern. URL: http://www.duesseldorf-entdecken.de/kriegsspuren-in-form-von-kellergittern/. Abgerufen am 06.02.2019.

Kühner, Anja: Speakers Corner am Landtag. URL: http://www.duesseldorf-entdecken.de/amphitheater-am-landtag/. Abgerufen am 13.01.2019.

Kühner, Anja: Zeitreise mit Gruselfaktor in den Luftschutzkeller. URL: http://www.duesseldorf-entdecken.de/zeitreise-mit-gruselfaktor-in-den-luftschutzkeller/. Abgerufen am 06.02.2019.

Kultur.Landschaft.Digital: „Jan-Wellem-Reiterdenkmal vor dem Rathaus Düsseldorf“. URL: https://www.kuladig.de/Objektansicht/KLD-255236. Abgerufen am 26.01.2019.

Landeshauptstadt Düsseldorf: Der Spee'sche Graben – gestern und heute. Pressemitteilung vom 26. April 2012.

Landtag Nordrhein-Westfalen: Haus des Landtags. Informationen über das Landtagsgebäude. URL: https://www.landtag.nrw.de/portal/WWW/GB_II/II.1/OeA/Haus_des_Landtags/parlament_daten_und_fakten_haus.jsp. Abgerufen am 13.01.2019.

Lange, Claus: „Das Düsseldorfer Gartenamt und seine Gartendirektoren. Ein Blick auf das 20. Jahrhundert“. In: Baier, Christof; Schweizer, S., Törkel, D. (Hrsg.): Gärten und Parks in Düsseldorf. Gartenkunst und Landschaftskultur vom 17. bis zum 21. Jahrhundert. Düsseldorf 2017, S. 41-48.

Lebel, Jacques: „Brief der Museumsleitung an den Oberbürgermeister der Stadt Düsseldorf“ (Reproduktion). In: Fünf Skulpturen minus zwei. 2001. URL: https://de.wikipedia.org/wiki/Datei:Kunstsammlung_Düsseldorf,_Brief_an_den_

Oberbürgermeister,_Bronzestatuen_Ehrenhof,_1937.jpg. Abgerufen am 20.02.2019.

Lebendiges Museum Online: „Joseph Beuys 1921-1986". URL: https://www.hdg.de/lemo/biografie/joseph-beuys.html. Abgerufen am 13.01.2019.

Lesch, Franz Xaver; Sehi, Meinrad: Pater Maximilian Kolbe – Leben, Wirken, Selig- und Heiligsprechung. Würzburg 1982.

Looz-Corswarem, Clemens von: „Die Beschießung der Stadt Düsseldorf am 28. und 29. Juni 1758 und die Folgen". In: Düsseldorfer Jahrbuch 77 (2007), S. 43-90.

Looz-Corswarem, Clemens von: „Die Stadt in Trümmern – Düsseldorf im Zweiten Weltkrieg". In: Der Düsseldorf Atlas. Geschichte und Gegenwart der Landeshauptstadt im Kartenbild. Köln 2004, S. 48 f.

Lücker, Theodor: Die Düsseldorfer Altstadt, wie sie keiner kennt. Düsseldorf 1984, S. 241-244.

Lux, Hans Arthur (Hrsg.): Deutsche Städtebaukunst. Wirken und Werke Deutscher Selbstverwaltung, Düsseldorf. 2. Auflage. Düsseldorf 1925, S. 305 f.

Mauer, Benedikt: „Eine Mumie in Düsseldorf, oder: Der untröstliche Witwer von der Königsallee". In: Düsseldorfer Jahrbuch 83. Düsseldorf 2013, S. 213-242.

Maximilian-Kolbe-Werk. URL: https://www.maximilian-kolbe-werk.de/ueber-uns/maximilian-kolbe/. Abgerufen am 16.01.2019.

Maxwill, Peter: „Der Vampir von Düsseldorf. Serienmörder Peter Kürten". URL: http://www.spiegel.de/einestages/serienmoerder-peter-kuerten-der-vampir-von-duesseldorf-a-951126.html. Abgerufen am 30.01.2019.

Metzinger, Jörg: „Thorn-Prikker, J(oh)an". In: Biographisch-Bibliographisches Kirchenlexikon (BBKL), Band 11. Herzberg 1996, Sp. 1488-1489.

Middeldorf, Götz: „Der Absturz eines britischen Bombers 1944 in Ludenberg". URL: https://www.nrz.de/staedte/duesseldorf/dramatische-absturz-eines-britischen-bombers-1944-in-ludenberg-id209488957.html. Abgerufen am 02.02.2019.

Müller, Detlef W.; Schuhmann, Roland: „Menhire". In: Reallexikon der Germanischen Altertumskunde (RGA). Berlin / New York 2001, S. 529-533.

Münster-Schröer, Erika: „Ein vorgetäuschtes Wunder, ein Hexenprozess und eine Wallfahrt. Gerresheim und Düsseldorf, Kevelaer und Neviges". In: Walz, Rainer (Hrsg.): Anfechtungen der Vernunft. Wunder und Wunderglaube in der Neuzeit. Essen 2006, S. 97-115.

Niesen, Josef: Bonner Personenlexikon. 2. Auflage. Bonn 2007, S. 154-155.

o. A.: „Helmut Horten - Gestalter modernen Einzelhandels". In: Niederrheinkammer. Zeitschrift der niederrheinischen Industrie- und Handelskammer, Ausgabe 39. Duisburg 1983, S. 35.

Persch, Martin: „Erich Klausener". In: Biographisch-Bibliographisches Kirchenlexikon (BBKL), Band 3. Herzberg 1992, Sp. 1570-1573.

Parmentier, Hanno: Der Würger von Düsseldorf. Leben und Taten des Serienmörders Peter Kürten. Erfurt 2013.

Pöggeler, Christoph: Säulenheilige. Menschen auf Litfaßsäulen. Düsseldorf 2014.

Quoirin, Marianne: „Hanns Friedrichs wird 80. Er war der ‚Dior des Ruhrgebiets'". In: Kölner Stadtanzeiger. URL: https://www.ksta.de/hanns-friedrichs-wird-80-er-war-der--dior-des-ruhrgebiets--13267250. Abgerufen am 19.01.2019.

RP Online: „Die neue Säulenheilige". URL: https://rp-online.de/nrw/staedte/duesseldorf/die-neue-saeulenheilige_aid-19739877. Abgerufen am 12.02.2019.

Samerski, Stefan: „Danzig in Düsseldorf. Die letzten Lebensjahre des Danziger Bischofs Carl Maria Splett am Rhein". In: Düsseldorfer Geschichtsverein (Hrsg.): Düsseldorfer Jahrbuch 78. Düsseldorf 2008, S. 241-268.

Samerski, Stefan: „Düsseldorf als Zentrum der Danziger Katholiken. Das unpolitische Politikum Carl Maria Splett, Bischof von Danzig (1938-1964)". In: Düsseldorfer Jahrbuch 73. Düsseldorf 2002, S. 295-309.

Sauser, Ekkart: „Leo Statz". In: Biographisch-Bibliographisches Kirchenlexikon (BBKL), Band 14. Herzberg 1998, Sp. 1519-1520.

Schreckenberg, Daniel: „Am 2. November 1944 war die Stadt wie ausradiert". URL: https://www.nrz.de/staedte/duesseldorf/am-2-november-1944-war-duesseldorf-wie-ausradiert-id9989640.html. Abgerufen am 31.01.2019.

Schulenberg, Peter: „Der preußische Schießstand im Aaper Wald". In: Kunow, Jürgen (Hrsg.): Archäologie im Rheinland 2005. Bonn 2006, S. 149-151.

Schulenberg, Peter: „Der preußische Schießstand im

Aaper Wald – eine Bestandsaufnahme". In: Düsseldorfer Geschichtsverein (Hrsg.): Düsseldorfer Jahrbuch 76. Düsseldorf 2006, S. 291-305.

SIKART – Lexikon zur Kunst in der Schweiz: „Naegeli, Harald (genannt Sprayer von Zürich)". URL: http://www.sikart.ch/KuenstlerInnen.aspx?id=4003330. Abgerufen am 03.02.2019.

Spohr, Edmund; Küffner, Hatto (Hrsg.): Düsseldorf – eine Stadt zwischen Tradition und Vision. Die Altstadt im Wandel. Düsseldorf 2017, S. 129-184.

Stadtarchiv Düsseldorf: Düsseldorf im Bombenkrieg. URL: https://www.duesseldorf.de/stadtarchiv/stadtgeschichte/bombenkrieg.html. Abgerufen am 06.02.2019.

Stadt Düsseldorf: Spee'scher Graben. URL: https://www.duesseldorf.de/stadtgruen/park/speescher-graben.html. Abgerufen am 03.02.2019.

Stark, Florian: „Die Schlacht, die Köln und Düsseldorf verfeindete". URL: https://www.welt.de/geschichte/article116703956/Die-Schlacht-die-Koeln-und-Duesseldorf-verfeindete.html. Abgerufen am 27.01.2019.

Stegt, Peter: Die Drahtstiftefabrik und Villa Dreher in Düsseldorf-Gerresheim. URL: http://www.rheinische-industriekultur.com/seiten/objekte/orte/duesseldorf/objekte/gerresheim_drahtstiftefabrik_dreher.html. Abgerufen am 10.01.2019.

Stegt, Peter: „Ich kann aber dises nit glauben ..." Gerresheim 1737/38 – Der letzte Hexenprozess am Niederrhein. Düsseldorf 2014.

Stiftung 7000 Eichen: 7000 Eichen – Stadtverwaldung statt Stadtverwaltung. Informationsflyer. Kassel 2014.

Striewski, Jennifer: „Helena Curtens. Hexenprozessopfer (1722-1728)". In: Internetportal Rheinische Geschichte. URL: http://www.rheinische-geschichte.lvr.de/Persoenlichkeiten/helena-curtens-/DE-2086/lido/57c68eec2fac60.82356669. Abgerufen am 31.01.2019.

Strzelecka, Kinga: Maksymilian M. Kolbe. Für andere leben und sterben. Mit einem Vorwort von Bischof Georg Moser. Freiburg / Basel / Wien 1981.

The Düsseldorfer: Beuys und die 7000 Eichen – eine davon steht in Düsseldorf. URL: https://the-duesseldorfer.de/beuys-und-die-7000-eichen-eine-davon-steht-in-duesseldorf/. Abgerufen am 13.01.2019.

Thiel, Thomas: „Helmut Horten". In: Internetportal Rheinische Geschichte. URL: http://www.rheinische-geschichte.lvr.de/Persoenlichkeiten/helmut-horten/DE-2086/lido/57c8342d34f841.10221268. Abgerufen am 02.02.2019.

Tutlies, Petra: „Eine ‚hochmittelalterliche' Motte am Kittelbach". In: Archäologie im Rheinland. Köln 1990, S. 162-164.

Verkehrs-Verein Düsseldorf: Düsseldorf am Rhein und seine Umgebung, Düsseldorf 1908, S. 103.

WDR.de: 30. November 1987 – „Kaufhaus-Milliardär" Helmut Horten stirbt. URL: https://www1.wdr.de/stichtag/stichtag-helmut-horten-100.html. Abgerufen am 02.02.2019.

Werner, Hendrik: „Der erste Säulenheilige". URL: https://www.welt.de/welt_print/article2771322/Der-erste-Saeulenheilige.html. Abgerufen am 12.02.2019.

Wietzorek, Paul: Das historische Düsseldorf. Petersberg 2009, S. 18 ff.

Wikipedia: „Ela". URL: https://de.wikipedia.org/wiki/Ela_(Tiefdruckgebiet)#Düsseldorf. Abgerufen am 18.01.2019.

Wikipedia: „Liste der Bischöfe von Danzig". URL: https://de.wikipedia.org/wiki/Liste_der_Bischöfe_von_Danzig. Abgerufen am 17.01.2019.

Wilms, Alfred: „Der Heerdter Hofgarten". In: Bürgerverein Heerdt e.V. (Hrsg.). Heerdt im Wandel der Zeit VI. Düsseldorf 2005, S. 178-180.

Wilms, Alfred: „Heerdt und seine Eisenbahn. Ein Rückblick auf 150 Jahre Eisenbahngeschichte". In: Bürgerverein Heerdt e.V. (Hrsg.): Heerdt im Wandel der Zeit V.: Düsseldorf 2000, S. 219-239.

Wucherpfennig, Jan: Hexen, Henker und Halunken: Düsseldorfer Grusel-Orte. Düsseldorf 2017, S. 117-120.

Bildnachweis:

S. 9 Autorenbild Eva-Maria Bast: Fotohaus Kerstin Sänger
S. 45: Daniel Helbig
S. 59: Thomas Drechsel
S. 78: Katja Stolarow
S. 94: Melanie Zanin
S. 102: W. Haste
S. 110, 134, 137, 174: Ingo Winkelmann
S. 164: Melanie Zanin

1 Hydrantendeckel
2 Gesteinsbrocken
3 Erinnerungstafel
4 Fenster
5 Menhir
6 Amphitheater
7 Grabmal
8 Pflastersteine
9 Verdrehte Turmspitze
10 Steinmauer
11 Säulenheilige
12 Nummer
13 Wall
14 Stahlgitter
15 Kindersarg
16 Beuys-Eiche
17 Grabsymbolik
18 Mauer
19 Strichfiguren
20 Laterne
21 Natursteinsäulen
22 Bügelverschluss
23 Verschlossene Tür
24 Metallkasten
25 Knick im Geländer
26 Mosaiken
27 Stuhl ohne Sitzfläche
28 Betonklotz
29 Stundenstein
30 Betonblöcke
31 Grabplatte
32 Toni-Turek-Denkmal
33 Kletterhügel
34 Grab mit Hut
35 Straßenbahnrosette
36 Gallberg
37 Straßenschild
38 Ofenrohr
39 Ruine
40 Mausoleum
41 Kanonenkugeln
42 Bodenplatte
43 Brunnen
44 Säulen
45 Carsch-Haus
46 Weg
47 Türgriffe
48 Marienkäfer
49 Hügel
50 Rotwildgehege

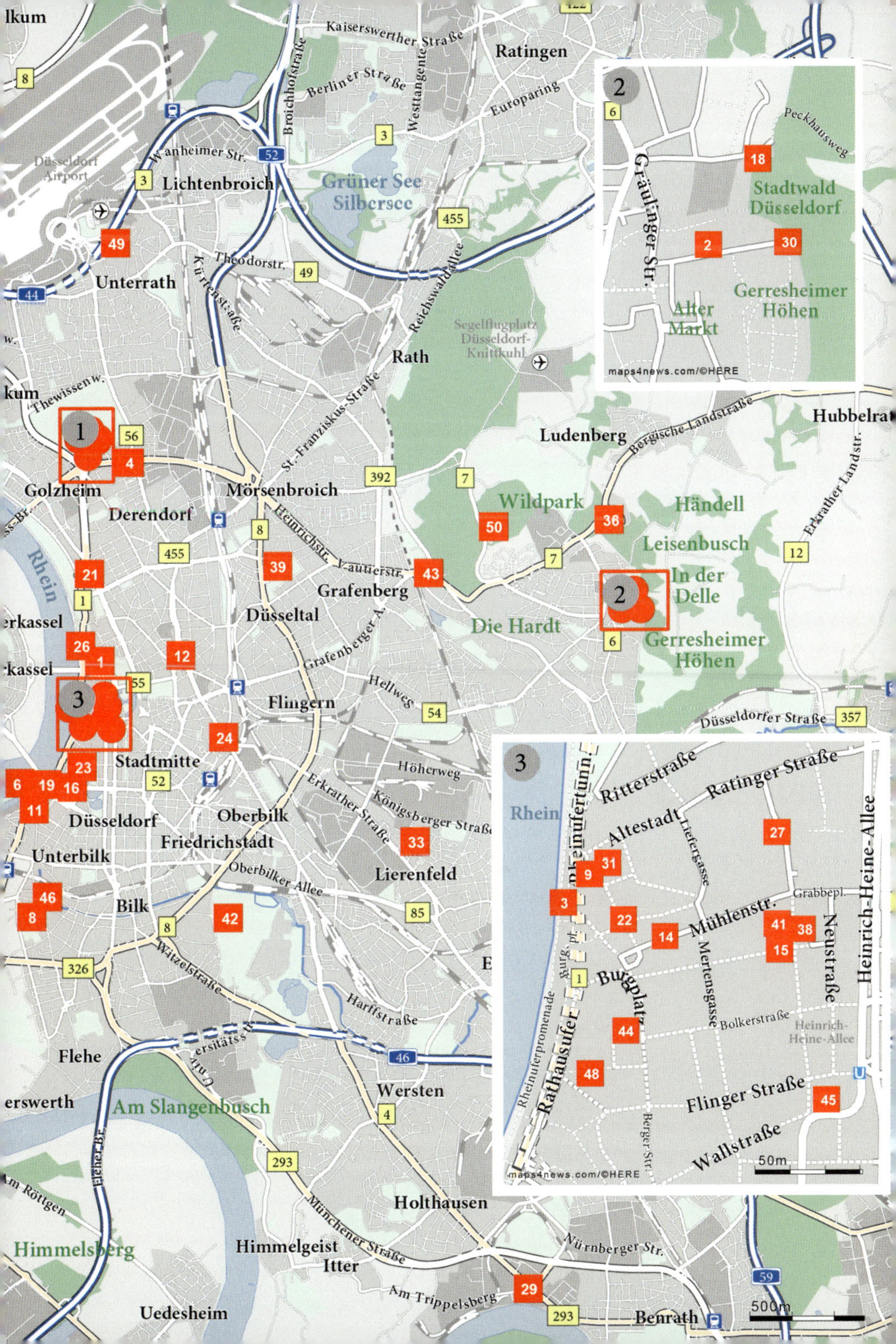
Ratingen
Kaiserswerther Straße
Berliner Straße
Westtangente
Europaring
Broichhofstraße
Wanheimer Str.
Düsseldorf Airport
Lichtenbroich
Grüner See
Silbersee
Unterrath
Theodorstr.
Kürtenstraße
Reichswaldallee
Segelflugplatz Düsseldorf-Knittkuhl
Rath
Thewissenw.
St.-Franziskus-Straße
Golzheim
Derendorf
Mörsenbroich
Heinrichstr.
Rhein
Grafenberg
Düsseltal
Grafenberger A.
Hellweg
Flingern
Stadtmitte
Höherweg
Erkrather Straße
Königsberger Straße
Oberbilk
Friedrichstadt
Düsseldorf
Unterbilk
Lierenfeld
Oberbilker Allee
Bilk
Witzelstraße
Harffstraße
Flehe
Am Slangenbusch
Wersten
Fleher Br.
Himmelsberg
Münchener Straße
Holthausen
Himmelgeist
Itter
Uedesheim
Am Trippelsberg
Nürnberger Str.
Benrath
500m
Ludenberg
Bergische Landstraße
Hubbelrat
Wildpark
Händell
Leisenbusch
Erkrather Landstr.
In der Delle
Die Hardt
Gerresheimer Höhen
Düsseldorfer Straße
Gräulinger Str.
Peckhausweg
Stadtwald Düsseldorf
Alter Markt
maps4news.com/©HERE
Ritterstraße
Ratinger Straße
Rheinufertunn.
Altestadt
Liefergasse
Grabbepl.
Mühlenstr.
Neustraße
Heinrich-Heine-Allee
Burgplatz
Mertensgasse
Bolkerstraße
Rheinuferpromenade
Rathausufer
Flinger Straße
Berger Str.
Wallstraße
50m
maps4news.com/©HERE

SIE WOLLEN NOCH MEHR ÜBER

Düsseldorf

WISSEN?

Hier gibt es sachkundige Informationen:

Thomas Bernhardt
Gründer der Düsseldorfer Geschichtswerkstatt, der für fast alle Themen rund um die Stadtgeschichte offen ist, besonders auch für die in den verschiedenen 50 Düsseldorfer Stadtteilen. Themenführungen wie beispielsweise „Die längste Bühne der Welt?“ zu großen und kleinen Theater-, Kino- und Tanzsälen in der Innenstadt oder „Düsseldorf zum Genießen“ zur Unterhaltungs- und Vergnügungsgeschichte inklusive Düsseldorfer Imbiss und Besuch im „Kom(m)ödchen“.
Telefon: 0177 / 3313952
E-Mail: buero.bernhardt@t-online.de
Homepage:
www.thomas-bernhardt-im-web.de

Steffi Buss
Die mehrmalige deutsche Berglaufmeisterin und Kommunikationstrainerin Steffi Buss bietet mit „Run and see Düsseldorf“ sportlich motivierten Leuten die trendige Kombination aus Laufen und Stadtführung: „Sightrunning“! Darüber hinaus unterhält sie als zertifiziertes Mitglied der Düsseldorfer Stadtführer e.V. ihre Kunden auch auf klassischen Touren durch die Düsseldorfer Altstadt, den Medienhafen, sowie diverse Stadtteile und -wälder. Zielstrebig, flippig und witzig vermittelt sie fundiertes Hintergrundwissen und zeigt die interessantesten Highlights der Stadt auf Deutsch oder auf Englisch.
Telefon: 0160 / 4023159
Homepage:
www.run-and-see-duesseldorf.de

Dominikanerkirche St. Andreas - ehemalige Hofkirche in der Düsseldorfer Altstadt
Regelmäßige Führungen:
Führung durch Kirche & Mausoleum:
Jeden ersten Mittwoch im Monat, 16:00 Uhr
Führung durch die Schatzkammern:
Jeden dritten Mittwoch im Monat, 16:00 Uhr. Die Teilnahme ist kostenfrei und dauert ca. 1 Stunde.

Dominikanerkloster
Andreasstr. 27
40213 Düsseldorf
Telefon: 0211 / 136340
E-Mail: dominikaner@gmx.de
Homepage: www.dominikaner-duesseldorf.de

Heimatverein Düsseldorfer Jonges e.V.
Zusammenschluss von mehr als 3.000 Düsseldorfer Bürgern, die sich mit Herz für ihre Heimatstadt einsetzen und sich dem Gemeinwohl verantwortlich fühlen. Wöchentliche Treffen dienstags im Henkelsaal auf der Ratinger Straße mit detailliert ausgearbeitetem Programm

mit Vorträgen und Diskussionen von Referenten aus der Wirtschaft, Politik, Wissenschaft und vielen anderen Themenbereichen.
Jonges-Haus
Mertensgasse 1
40213 Düsseldorf
Telefon: 0211 / 135757
Fax: 0211 / 135714
E-Mail: geschaeftsstelle@duesseldorferjonges.de
Homepage: www.duesseldorferjonges.de

Anja Kühner
Stadtführungen zu Fuß durch die Altstadt, zu den Hausbrauereien und zur Architektur im Medienhafen, zum japanischen Düsseldorf und zu vielen anderen Zielen sowie Rundfahrten.
Telefon: 0211 / 26130479
E-Mail: city-guide@gmx.net
Homepage:
www.duesseldorf-entdecken.de

Stadtarchiv
Landeshauptstadt Düsseldorf
Stadtarchiv
Worringer Straße 140
40210 Düsseldorf
Hompepage:
www.duesseldorf.de/stadtarchiv/
Öffnungszeiten des Lesesaals:
Montag bis Mittwoch 8:30-15:30 Uhr
Donnerstag 8:30-17:30 Uhr
Freitag 8:30-12:30 Uhr

Olaf Meuther
Alt St. Martin
Die alte Martinskirche ist mittwochs zwischen 16:30 und 18:15 Uhr für Besichtigungen geöffnet. Zum Tag des Denkmals im September finden auch Führungen statt. Führungen können bei Olaf Meuther oder im Pfarrbüro angefragt werden.
Max-Brandts-Str. 20
40223 Düsseldorf
Homepage:
www.bonifatiuskirche.de

Ute Pannes
Führungen in der Tonhalle:
Was tut sich unter dem blauen Sternenhimmel im Planetarium der Musik? In etwa zwei Stunden erfahren die Gäste die Geschichte des Hauses, entdecken die Avantgarde der 20er-Jahre und kommen hinter die Tricks des Architekten. Sie erkunden den Backstagebereich und wissen danach nicht nur, wie das Piano auf die Bühne kommt, sondern auch, wo der Starsolist logiert und wer was ins Gästebuch geschrieben hat.
Telefon: 0211 / 294842
Homepage:
www.duesselguide.kulturserver-nrw.de

Dorothee Spelberg
Mitglied im Verein der Düsseldorfer Stadtführer. Führungen auch auf Französisch, Englisch und Spanisch. Spezialführungen zu Geschichte, Wirtschaftsgeschichte, Gärten, Rathaus, Kunst, Musik.
Telefon: 02161 / 87 584
Mobil: 0172 / 99 43 685
E-Mail: dorothee.spelberg@gmx.de

Celia Vich
Offizielle Gästeführerin mit Spanisch als Muttersprache, außerdem klassische Sängerin. Die Touren werden individuell und den Interessen der Teilnehmer entsprechend gestaltet, die dabei die Gelegenheit haben, traditionelle deutsche Lieder aus Düsseldorf zu hören.
Telefon: 0179 / 2497648
E-Mail: info@visitadusseldorf.com
Homepage: www.visitadusseldorf.com

Publikationen:

Bernhardt, Thomas: Amüsemang – stundenlang. Eine Zeitreise zu Varieté, Cabaret und Jazz in Düsseldorf. Köln 2005.

Bernhardt, Thomas: Einfach spitze! Düsseldorf. 100 Gründe stolz auf diese Stadt zu sein. Gudensberg-Gleichen 2015.

Bernhardt, Thomas: Haltestellen-Geschichten. Geschichte/n rund um Haltestellen der Rheinbahn. Düsseldorf 2007.

Bernhardt, Thomas; Jäger, D.: Zeit Reise. 1200 Jahre Leben in Düsseldorf. Göttingen 2009.

Bernhardt, Thomas; Lieb, A.: Fotoschätze Düsseldorf. Bewegende Bilder aus der Stadtgeschichte. Düsseldorf 2013.

Florin, Melanie: Das Majolikahäuschen von Villeroy & Boch im Düsseldorfer Hofgarten mit 80 Abbildungen und Faksimiles. Düsseldorf 2006.

Florin, Melanie: Johan Thorn Prikker. Ein Mausoleum auf dem Düsseldorfer Nordfriedhof. Düsseldorf 2009.

Parmentier, Hanno; Stegt, P. (Hrsg.): GERRIKUSS. Magazin zur Stadtteilgeschichte. Vierteljährliche Erscheinungsweise in Düsseldorf-Gerresheim.

Heimatverein Düsseldorfer Jonges e.V.: Sichtbare Zeichen. Düsseldorf 2016.

Vich, Celia: Das kleine römische Theater im Medienhafen. Düsseldorf 2018.

Haftungsausschluss

Trotz intensiven Austauschs mit unseren Gesprächspartnern, gewissenhafter Literaturrecherche und aufmerksamem Korrekturlesen erheben wir weder einen Anspruch auf Vollständigkeit noch auf Fehlerlosigkeit. Wir haben streng darauf geachtet, keine Urheberrechte zu verletzen, unsere Recherchen sind nach bestem Wissen und Gewissen erfolgt. Dennoch übernehmen wir keinerlei Gewähr für die Aktualität, Korrektheit oder Vollständigkeit der bereitgestellten Informationen. Haftungsansprüche gegen uns schließen wir grundsätzlich aus.